U0053159

大專用書

人格心理學概要

賈馥茗　著

三民書局 印行

國家圖書館出版品預行編目資料

人格心理學概要／賈馥茗著．--初版．
--臺北市：三民，民86
面；　　　公分
含參考書目
ISBN 957-14-2700-4 (平裝)

1.人格心理學

173.75　　　　　　　　　　86012244

國際網路位址　http://sanmin.com.tw

© 人格心理學概要

著作人　賈馥茗
發行人　劉振強
著作財產權人　三民書局股份有限公司
發行所　三民書局股份有限公司
　　　　地址／臺北市復興北路三八六號
　　　　電話／五〇〇六六〇〇
　　　　郵撥／〇〇〇九九九八——五號
印刷所　三民書局股份有限公司
門市部　復北店／臺北市復興北路三八六號
　　　　重南店／臺北市重慶南路一段六十一號
初版　中華民國八十六年十一月
編號　S 17013
基本定價　叁元肆角
行政院新聞局登記證局版臺業字第〇二〇〇號

有著作權・不准侵害

ISBN 957-14-2700-4 (平裝)

自　序

　　本書之一部分，係作者於國科會獎助三年研究項下之專題：〈人格的基本研究〉中，所探討的人格學說，曾陸續刊載於《師大教育研究所集刊》。近年撰寫《人格教育學》，擬將已發表者收錄於其中，以與中國的人格觀點相參照，因而重新整理補充，並加入一部分。完成後發現所占篇幅過多，若重行刪減，難以作明白的介述，遂興起單獨付印的念頭；同時為自己找到藉口，以為國內不乏人格心理學之譯著，然詳盡則有之，但對非專門學此科目者，可能閱讀不易。本書原以扼要介述為主，或可應一般人之好奇心與興趣之需要。承三民書局不棄，慨允付梓，為作者解決一問題，感激而欣慰。然而作者在撰寫時，有力求精簡之弊，往往敘述有欠詳明；且人格心理學著作，不但內容有詳細探討價值，且有更多實際例證，耐人尋味。希望讀者原諒作者的粗陋，更希望有興趣者多方討論。英哲洛克(J.Locke)曾說：「健全的身體中要有一個健全的心靈。」當今之世，或者也可以說：「健康的身體要配以一個健康的人格。」讀人格心理學最好汲取健康的一面，切勿多疑而為自己招致不必要的「焦慮」，是作者衷心的期望。

人格心理學概要

目　次

自　序

緒　論

　　人類在「知」這方面的演進，把許多「不知」變成了「知」。 追究產生出這個變化的原因，是由於人有如後世所稱的「好奇心」。 而所謂之好奇心，就是對於「是什麼」、「為什麼」、 和「怎麼樣」三者找出解釋。因為這三種問題，包羅萬象，若從最原始的時候推測，人可能起初是一無所知，即使知道一些，也所知極少。待到逐漸進步，所知的才逐漸增加；而「知」之能夠增加，便是由於人有好奇心，也就是說，要把「不知道的」，變成「知道」。這一點，從人類對「知」的探討，到有了所謂之「知識」，到今天知識複雜而宏富，可以得到證明。

　　知識的門類雖然繁雜，如果以人來定位，做一個分類，可以說也只有兩類而已，一類是「人以外的」，一類是有關「人本身的」。

　　想來電腦可以做這件工作：一是把人以外的知識彙集起來，統計出總數，然後分門別類，一一統計。二是把有關人本身的也彙集起來，統計起來，同樣的分門別類，一一統計。把這兩類比較一下，一定會發現前一類遠遠超過後一類。這個事實的造因可能很多，其中有一個是：人的「生理眼」是向外看的，除了自己「一身」之外，縱然不能說無所不見，也是「所能」見的「目不暇給」，因而造成了「知無涯岸」的現象。至於看自己，連身體的後一面都看不見，更不用說看穿內部、看清楚自己的五臟六腑，和其運用功能了，於是人所知的就相當有限了。

　　其實人在求身外知識的時候，也在想知道自己，我國《周易繫辭下傳》中便有一段文字說：「古者包犧氏之王天下也，仰則觀象於天，俯則觀法於地，觀鳥獸之文，與地之宜，近取諸身，遠取諸物，於是始作

八卦，以通神明之德，以類萬物之情。」　其中「近取諸身」四字，朱子弟子楊道夫曾問朱子是否在說「人之一身，與天地相流通，無一之不相似?」朱子答「是」。從這一點看，我國古人早已對自身做過觀察，並且拿來和天地萬物比較。此後便出現了人對自己的「反省」和「修為」，被後世歸入於道德倫理之中，眾說雜陳，如果彙集起來，至少是和人有關的。遺憾的是這些說法，超出於「是什麼」、「為什麼」和「怎麼樣」之外，成了另一類問題，即是「應該」。「應該」固然和人有關，而且關係密切，只是過分強調「責任」和「義務」，卻不能滿足人對「知」的好奇心，就常情而論，如果人不知道自己「是什麼」，又如何能下決心去做不知道「為什麼」的事呢? 如果說中國先哲對「人的責任和義務」有精闢的見解，而未曾詳細解釋「人本身」，可能不是過言。

　　進入二十世紀，西方出現了「人格心理學」，使得人對自己的認識，有了一個完整而明顯的架構，比過去之只是「片言」和「語焉不詳」，是一大進步，對於想要了解人（包括自己在內）的人們，至少在好奇心驅使下，有了可以尋繹的材料，至於好奇心能否就此得到滿足，則要待「求知者」「知道」以後，自己去決定。

　　人要「知道自己」在好奇心之外，隨著人類生活的進步，也成了一種需要。由於人類營群居生活的事實需要，彼此間要有適當的了解。在人類文明日趨進步，生活方式日漸複雜的現代，方法和技術的發展，對自然的知識和對自然的控制，方在有增無已，結果使生活更為容易而舒適；但人類知識與技能的進步，也對毀滅人類本身，帶來更大的威脅，在這種情形下，人們對於了解人格心理的願望，更為熱切而積極。倘若這種願望能夠實現，由了解人格而得到控制行為的方法，以防止人類毀滅本身，可能是人格研究最大的成就。

　　但是達到了解人格的地步，並非易事。心理學家相信人格是一個複雜的系統，就這個系統中所包含的因素來說，有些是比較明顯的，可由

實際行為的觀察而研究；有些比較隱含的因素，不但觀察為難，甚或不為具有該因素的本人所覺察，而這些因素對於人格，又有頗為強烈的影響力，為人格了解所不容忽視的部分。

　　健全的社會，基於健全的分子；人類的幸福，要有健全的人格方有獲得的希望。所謂健全的人格，心理學家同意是能夠正視現實環境與個人的責任，因而對自身、別人，或所居處的環境，能做正確的適應。如是則對於本身的觀點，本身的價值系統，以及自己的目的與方向必須有相當的認識；同時對於別人的觀點，別人的價值系統，和別人的行為動機也應有正確的了解；且承認社會的趨勢，社會對個人的需要，社會的文化背景與風俗習慣，使個人無論在獨立行動或團體合作中，都能向著以發展為目的之方向進行，百折不撓，且能應付裕如。

一、研究人格心理學的目的

　　了解人格，本是一種好奇心。在個人方面，當遭遇到挫折或失敗時，便趨向於了解自己的方向。亞歷山大(F. Alexander)以為當人感到痛苦或煩惱，或者事實不如理想時，常退而探究內在的本身。❶阿波特(G. W. Allport)說：「當個人不能完成或繼續與環境間的友善關係時，必然要注意自己的缺點，因而覺察自己與物質和社會環境的矛盾以及自己的孤立。在愉快時，自己與環境的分立不為所知，但痛苦則常常被推及到本身上。」❷若把這種企圖了解人格的願望擴大，一個國家或民族在遭遇到患難時，人性的研究便成為學者的目的。當希臘詭辯學派盛行的時候，他們懷疑一切知識的可能性，因而教人不必做徒勞無功的知識探求。這對哲學家蘇格拉底說來，無異邪說惑人，故而提出「認識你自己」(Know

❶　Alexander, F., *Our Age of Unreason*, Lippincott, phi., 1942, p. 4.

❷　Allport, G. W., *Personality*, Holt, N.Y., 1937, p. 164.

thyself)這句話，一方面駁斥詭辯派「知識為不可能」的說法，一方面以
為從自知之中可以獲得自制的能力；而人們在能夠控制自己的行為時，
社會上因非分的行為而造成的紊亂將會減少。柏拉圖更相信人可用理性
了解自己並控制自己，在其《共和國》中說：

> 「我以為某些不必要的愉快和願望是不道德的，可能我們都生而
> 有之，但因法律的訓練及理性與較佳的願望聯接，使某些人得以
> 全部免去，或減至極少極弱的地步；但在另一些人中卻仍然多而
> 強烈。
> 這些願望是在夢中活躍的。當人類的理性在睡眠狀態而失去控制
> 力時，我們的充滿飲食之慾的獸性起而尋求滿足，無一毫是非羞
> 惡之感。……」 ❸

柏拉圖相信人格中的某些成分，可用理性予以控制，同時夢境之說，又
為弗洛伊德的心理分析說立下張本。

　　近年研究人格心理學的目的可分兩項。其一是用以了解個別的特殊
人格；另一是發現人格的性質，以求得一普徧的概念。執前項目的的理
由，以為個別差異之表現於人格方面的，不亞於其他方面的差異，甚而
在人格方面，更表現出個別的特殊性。因為人格是由一種具有生命的機
體，因環境影響及生活經驗的統合而形成的一個複雜系統，其中個別因
素的影響力更勝過其他兩項，正如心理學家所相信的，沒有兩個完全相
同的人。即使同卵雙生子，所得的遺傳因素幾乎相等，若環境又復相同，
生活經驗也大體一致，也會因個人對環境與生活的觀點不同，反應各異，
終至形成人格的差別一般。於是了解人格，必須從了解特殊的個體入手，
結果趨向於特殊的方面。這種理由是無可否認的事實，猶如植物學家研

---

❸　Plato, *Republic*, trans. by H. D. P. Lee, Penguin Books, pp. 344–345.

究一種樹木、環境、土壤、陽光、水分、與養料盡皆相同，但卻有形狀不同的樹生出一般。

　　執後一項目的的理由，以為個別人格，雖各各不同，但人格中卻不無通性存在；而在討論一個特殊的人格時，必須先了解人格的普徧概念。由於這種目的之指引，研究人格遂為了解人格的普徧性而發。普徧的因素可歸入於三個系統之中。第一，人格研究的對象是有機體，有其得自遺傳的生物方面的因素和生長發展的功能；第二，有機體的行為受目的指導，行為者本身可能不會覺察目的之所在，但卻可從行為上尋到蛛絲馬跡，以便按圖索驥；第三，人格表現於個人與環境的交互作用中，人和人、人和物質與社會環境間的反應，可由相互間的關係而歸納出若干類型。這三種現象普徧的見於人格，其中每種成分對行為影響力的強弱構成人格的差異，故而可以把差異看作量而不是質。

　　這兩項目的並非常常完全分立，許多人格心理研究者常兼含有兩種作用。當人格心理學正方興未艾的時候，研究的最高目的應是形成一種明確的理論或學說，其中包括一組貼切的假說和一套經驗的界說；各假說要互相關聯，各界說要能見諸於實際。目前所有的人格心理學說，據林地溪(Lindzey)和郝爾(Hall)的意見，足以啟發觀念，刺激好奇心，且能導致懷疑，但卻缺乏明確性，而又多傾向於事實發現後的說明，對於有關行為新預斷的發生方面，仍付闕如。❹如果林郝二氏的判斷正確，對過去所有的人格心理學說，也無可厚非。這門學科仍然在發展之中，促進其發展及培育豐實的結果，以求得了解人格的適當而有效的方法，有賴於研究者的努力。但能建立貼切的假說，應用有效的方法，以證實假說，而形成明確的理論，則不但對人格可以得到明確的認識，且可進一步發現控制行為的方法，改進人際關係，使個人在和諧的環境與團體

❹　Hall, C. S. & Lindzey, G., *Theories of Personality*, Wiley & Sons, N.Y., 1960, 6th ed. pp. 10–17.

中，能得到真正的幸福而受享人生，方是真正的目的。

二、人格心理研究的發展

在心理學成為獨立學科之前，人格心理屬於哲學的範圍，而人性與人類行為常是哲學家所關心的問題。自蘇格拉底求「自知」開始，柏拉圖繼以觀念，願望等人性及行為的討論，顯示希臘哲學家相信人類有自知與自制的能力，且以此為理想社會的基礎。又在試圖了解人格的歷程中，社會狀況與文化背景常是一個密切相關的因素。如蘇格拉底之提出自知是由於駁斥詭辯學派並建立知識為可能的信心，柏拉圖之對願望的控制在求形成道德人格，進而組織理想的國家。在羅馬帝國分裂後，社會秩序紊亂，民生困苦，麥卡斯‧奧瑞列(Marcus Aurelius)因而說如果能保持內在的平靜，則外在環境的罪惡與悲劇無害於內心。此時的社會狀況，使哲學家無可避免的想到人性中惡的部分，這種觀念且繼續至中世紀末期。惟在宗教思想的籠罩下，對人格的了解，亦不能脫出對神的信念。甚至以為人不但無法獲得自知，即求自知亦同為違犯神意而是罪惡的；但人卻可遵照神意而求自制。

文藝復興之後，古代希臘思想重現，人類自知和自制的信念恢復。笛卡爾的心物二元論及機械論的觀點，使法國的物質主義者如凱本奈(P. J. G. Cabanis)、勒邁椎 (J. O. de La Mettrie) 等以為了解人格與研究機器無殊。英國經驗主義者洛克(J. Locke)等更相信教育的力量，可以塑造人格。至詹姆士‧穆勒(James Mill)更以其子約翰‧斯突爾‧穆勒(John Stuart Mill)的人格形成，全付諸心智的訓練上。

近代人格心理學的研究，以弗洛伊德為始定體系者。弗氏將希臘哲學家與洛克的理念轉入於科學的實體中，以研究下意識和非理性的元素為了解人格的方法。其本人幾乎窮畢生的精力，研究使人難以控制的「攻

擊」、「性慾」、和「反社會」的衝動。從弗氏的學說中可以看出，他一方面相信人有理性和自知的能力，一方面又以為人格中確實存在著破壞的傾向，而兩者並不矛盾。麥克可利蘭(D. C. Mc Clelland)分析，以為弗氏的觀點和他個人的出身背景有關。麥氏以為弗洛伊德出生於猶太之家，而遷居歐洲後又承襲了希臘與希伯萊的文化傳統，由於種族的原因，不免受到歧視；而依照猶太傳統，只有容忍和壓抑。弗氏是在重視科學發展的時代而又從事科學研究，因而相信人雖在非理性的，怪誕的心境中，卻非不可用科學分析及理性方法予以了解。他所建立的心理分析即是進而征服本我(Id)的工具；研究人格的目的即為主宰並控制人性。❺

　　弗氏的人格心理學的內容與批評，將於後章論述。心理分析學現在已是多數心理治療家所依據的理論及應用的方法。同時另一些人格心理學家，對弗氏的學說也持不同的意見。時至今日，研究人格心理學者已有多人，且形成多種不同的學說，撨其要旨，則在於所認證的人格成分有別，這些構成人格的元素遂成為研究的重點，在一種學說達到成熟的階段前，有關的意見都有益於該學說的發展與改進，但若執著於一種見地，雖有似乎確定了的立場，而在學術研究的進步中則不免為一個阻礙。

三、人格心理的研究方法

　　人格心理學的研究，應該採用科學方法，已是毫無疑問的。只是對人格的研究要持一種科學態度並非易事。困難之一是假說常帶有主觀的色彩與曲解的判斷，假說者因證明之是否符合自己的意見而定取捨，先有一偏的傾向左右其進展，終至因對某些「特殊」的重視而減低了假說的明確性。另一種困難是人格系統的複雜，不是單一的方法或簡單的步驟所能窮其究竟，因而對於方法的運用，即使慎重將事，亦不能無所遺

❺　Mc Clelland, D. C., *Personality*, Holt, N.Y., 1958, pp. 11–16.

漏，據阿波特調查人格的研究方法，可粗略的分為十四種：

1. 文化背景的研究。

2. 生理記錄。

3. 社會記錄。

4. 個人記錄。

5. 表現的運動。

6. 等級。

7. 標準測驗。

8. 統計的分析。

9. 生活情境的縮影。

10. 實驗。

11. 預斷。

12. 深度分析。

13. 理想的類型。

14. 綜合法。 ❻

從這些方法看來，沒有任何一種可以單獨的應用於一項人格研究中而能得到決定性的結果，而這些方法，都不失為科學的步驟，因而都有採用的價值。自然若將上列方法盡數應用於一項研究中，亦將見頭緒紛繁莫衷一是，反而有失科學的態度。

　　人格心理的研究方法，應與其他科學一般，包括假定、試驗、證實、與分析數步，阿波特所列舉的方法，只是步驟之一，而非全部。

　　人格心理學之假定，基於「人格可以了解」且「人格中包含普徧因素」的假說，由此而選定可供探索於實際之中的假定與經驗的界說。所謂經驗的界說，是可以運用方法與技術而求得的普徧現象，是形成學說的必備條件。

---

❻ 同❷, pp. 3, 71.

假定既經確定之後，便要根據已有的理論或經驗，試驗假定是否為確實無誤。此時必須以科學家的冷靜態度，靜觀事實的出現，試驗之成敗無關於得失，所期望的乃是真理的判斷。

由試驗所得的材料，須再與假定對照，以視假定能否證實，不但試驗的方法需經適當的選擇，試驗的步驟必須與假定吻合，如有疑竇，應待進一步的研究，故一項研究，不病反復而患無確證的方向。

假定經證實之後，研究並未終結，尚需自始至終，逐項分析，以見其所以得到證實的原因或可能的相對假定。如果假定被否認，則應核對是否假定曾有錯誤，抑或試驗與證實發生錯誤。經過慎重的檢視以後，方能據以論斷。

不過時至今日，雖然科學方法已經成了公認的最好的方法，有些研究卻很難借助科學方法來得到完美的結果，人格心理的研究便是這樣，主要的關鍵是：人固然是生物中的一類，有基本的機械性，可是在生物性的基礎之上，更有「心理」（從前稱為心靈）作用，這項作用，是一個極大的變數；同時又在人類創造形成的文化社會中，個人心理和文化社會交互影響，出現了更大的「個別差異」。世人所謂：「人心不同，各如其面」，實際上在人群中，倒也不難找出面貌相同的人，可是要想找出兩個「其心相同」的，恐怕就很難了。單是這一點，想用科學方法研究人格，首先就有「取樣」的困難；然後是無法控制「變項」，事實顯示，在同一個環境裡生長的人，各各不同。因而到目前為止，能夠提出「一家之言」的人格心理學家，仍然是「各就所見」、提出假說；即使有些假說，可以「部分的」得到實際「驗證」，卻不能即用來做為定論。

好在知識必須經過研究和不停的驗證才能成立，已有的說法，以人格心理學來說，都有助於人對自己的了解和認識，所以仍有「知道」的價值。

本書選出有獨特見解的人格心理學說，或者可以滿足「好奇者」一部分求知的願望，也希望人格心理學在未來有更完美的說法出現。

第一章　阿波特的通觀及成長說

　　人格心理學在心理學中獨樹一幟，始於二十世紀。然而在此之前，論及有關人格的著作，所在多有，只是論者多就道德、社會、以至政治方面，可能涉及人格的某項因素而言。西方從希臘時代，蘇格拉底(Socrates)在和人討論時，便表現了特有的「教師」品質，至其守法自盡，則是一種人格風範。柏拉圖(Plato)所倡議的「哲學王」，也是一種理想的政治領袖人格。亞里斯多德(Aristotle)的「中庸之道」，是人格內涵的品格指標。此後的論述者逐漸出現，但迄未對「人格」概念作周備而明白的描述。但這只是概念和論述系統問題，不能因此斷定缺少人格學說的內涵。

　　高爾登・阿波特(G. W. Allport)於1937年出版一本名為《人格》的書❶，是一本完整的關乎人格的論述。在其中將西方有關人格這個名詞的意義，作了通盤的整理，一系列的舉述出來，使人得到史的順序概念，最後並提出其本人由歸納而成的一個定義。對於系統的人格學說，是相當完備的入門範本。有助於初步的了解。從阿波特書中，對人格的解釋大要如後。

一、人格的字源義

　　「人格」(Personality)源自希臘字的Persona，指戲劇中演員所戴的面具。面具的特徵是嘴特大，以便插入一根蘆管以擴大演員的聲音。至

---

❶　Allport, G. W., *Personality*, Henry Holt, N.Y., 1937, pp. 25–26.

於面具的意義，見於席塞羅(Cicero)所述：

1. 為在人前的表現而非真實的面目。

2. 是一個人表現在生活中的一部分，如一位哲學家。

3. 是合乎為人品質的總匯。

4. 是特點和品格，如作家寫作的格調或風格。

第一個解釋保留了「面具」的本義；第二個從一個人一貫的生活方式，表現出一種身分或品質；第三個是經過社會化以後，一個人發展出符合社會期望的行為品質；第四個重在一個人的獨特表現，特別在文化成就方面，文化成就也代表了其人格或「人品」(Personage)。

阿波特根據這四個解釋，通觀後來的著作中，有關人格意義的闡述和擴充，摘出十個對「人」(Person)或「人格」(Personality)的解釋：

1. 從「面具」的邏輯延伸，人格只是「外表」，並不真如其人。

2. 從「字根」義說，指「演員在戲劇中表現出悅人的性格或角色」。

3. 在演員本人和所扮角色難以區分時，指「一個人所獨具的特殊品格」。

4. 人格可見於如席塞羅著作中所說的「聲望和品格」。

5. 上第四說用於羅馬階級系統中，指某些有法定權力和義務，別人則無，因而「面具」是指「自由人」所有，以與「奴隸」區分。意為「自由人」有第二個面孔，表現其特殊的高貴身分；「奴隸」是自由人的附屬品，沒有獨立人格，即生命也為「主人」主宰，沒有表現其「是人」的資格，自然談不上戴什麼「面具」。

6. 在古典拉丁文中，「人格」指「代表者」，代表一群人或一個機構。

7. 「人格」也用來稱「教堂的代表者」，如「牧師」或「神甫」之類。

8. 「人格」指具有「聲望」和「品格」的人，稱「人品」或「人物」。

9.在戲劇或文辭中，稱「人格」為「文法的人 (Persons in grammar)」。

10.神學中人格稱某些教父為「三聖一體之一」。

這十個解釋，從「面具」延伸到「人」和「人格」。 面具是具體可見的，人也有形體，也是具體的，人格則是抽象概念。這種意義的延伸，從單純而複雜，從假到真，從一個具體物到多個內涵，進入人文的領域，涵概了「文法」和「神學」。 ❷

阿波特繼前述十個有關人格的解釋之後，又列舉出四十個（含其本人兩個）出現於西方學者著作中的描述，依著作所屬的知識領域，分列出來，繼續前述的「數序」。

二、人格的哲學涵義

11.人格（面具）「是一個人的理性本體」。（邊沁，Boëthius）

12.「人」的首要基準是「自我意識和記憶」。（吳爾夫，C. Wolff）

13.「人」是「稟有天賦了解能力的本體」。（萊布尼茲，C. W. Leibnitz）

14.「人能思想而聰明，有理性和反省作用，且能如實的思考自己。」（洛克，J. Locke）

15.人格即是「個性」(individuality)，可以客觀的觀察自己。（文德班，W. Windelband）

16.人格是「不可分的核心，只有其外層可以改變」。（里赫特，H. Richert）

17.人格即是「自我」(Selfhood)。（克魯契，R. Crutecher）

18.人格是「理想的完美」。（洛宰，H. Lotze）

---

❷ 同❶, pp. 26–29.

19.人格是「根據無法達到的理想而形成的人」。(司騰，W. Stern)

20.人格是「最高的價值」。(哥德，J. W. von Goethe)

21.「人格是可見的本性的精華。」(康德，I. Kant)

22.人格是「使每個人成為有價值的品質，除了用於自己之外，還可用於同類身上」。(艾德洛，M. F. Adler)

23.人格是「個性的形式，……可能由所具有的心靈和意志而成。一個人是『唯一』且不可分的，但是經過形成歷程而完成的整體，並非出自抑制自然本能、脾氣和能力，而是由於一種普通精神的擴大，即是一種尋求自由的力量，即在自然本能、脾氣和能力之中尋求。」(海茲林頓與墨海德，H. I. W. Hetherington & J. H. Muirhead)

24.「人格的主要意義是自我、自我意識、自我控制和知的力量。這些元素都和肉體無關。」(鮑恩，B. P. Bowne)

25.人格是「多重形式的動力集合體」。(這是司騰在前述第十九項解釋之外的又一個解釋。)

26.「人是有權力的理性動物，如果同時還有義務，則是人；否則便是神。」(這是康德在前述第二十一項的解釋之外的另一個解釋。)

三、法學涵義

27.「任何享有法律身分的是人。」(羅馬法)

28.是「在其全部生活中的活人」。(麥克與凱色，W. Mack & D. J. Kiser)

29.一個「人」可能是「組合起來的一群人」。(即是「法人」，比爾斯，J. H. Beals)

30.「由一群人組成一個真正忠實的統體，和諧的生活在一起，猶如完美而翔實的『一個人』。」(饒伊斯，J. Royce)

四、社會學涵義

31.從相反的一面說，乃是「非人」。（即不是人，見米勒，F. M. Müller）

32.從強調外在形體說，依其形體或傷殘而言，人格似乎就是「軀體的我」。

33.從表示輕蔑或尊重說，指一個人的「人格」時，往往說：「那個人！」

34.用「人格」指示「缺少高品味的品質」。（意含厭惡）

35.社會學中視「一個人」為「人群中的微粒子」。（即組成群體的最小單位，見尤本科，E. E. Eubank）

36.人格是「文化的主觀面」。（法里斯，E. Faris）

37.「人格是決定一個人在社會中身分和任務的特質組合，也可說是社會成果。」（柏吉斯，E. W. Burgess）

五、生物社會涵義——外表

38.人格是「虛偽裝扮或摹擬的一面」。（由席塞羅的解釋而來，重在指面具。）

39.「人格是累積的心靈面具，以面具偽裝個性，……借累積的心靈述說的舞臺面相。」（容格，C. G. Jung）

40.人格是「膚淺的吸引力」。（柏格森，H. Bergson）

41.人格是「社會性的刺激價值」。（梅，M. A. May）

六、心理學涵義

42.人格是「一個人所有的生物性內在的性情、衝動、意向、嗜欲和本能，以及由經驗中獲得的性情和意向」。(朴林斯，M. Prince)

43.人格是「一個人在任何發展階段中的全部組織」。(倭林與卡米契，H. C. Warren & L. Carmichael)

44.人格是「一個組合的樣式，使一個有機體具有特別的行為趨向」。(麥可迪，J. T. MacCurdy)

45.「人格含有許多層次，通常在頂端有一個統合的原則。」(麥獨孤等，W. McDougall，et. al)

46.人格是「若干習慣系統，代表對環境的特殊調適」。(坎普，E. J. Kampf)

47.「人格是一個組合的系統，一個功能性整體、或一個習慣、性情和情操的整體，表現出一個人和其同儕有截然不同之處。」(舒恩，M. Schoen)

48.人格是「一個人表現於生活方式的一切作為」。(吳偉斯，R. S. Woodworth)

七、阿波特的人格定義與成長說

49.「人格是一個人的真如。」(即恰如其人)

50.「人格是一個人的動力組合，此心物系統決定其對環境的獨特調適。」❸

上述的前四十八個有關人格的解釋，是阿波特從各家著作中尋繹而來，從英文「人格」字根開始的「面具」，到「人」，而後「人格」，多數是學者依其研究領域，從一方面著眼，才有哲學、法學、社會學、心理學等說法。實際上從「會戴面具」的「人」來看，乃是一個複雜的集合

---

❸ 以上同❶, pp. 30-48.

體。其複雜性在基本上是稟賦的心靈能量，使其知道自己是「人」(man)，而與其他動物在形體上有別。然後是在群體生活中，因「自我意識」而分別出「我」和「別人」(Person, Persons)。在人我交織之中，「我的表現」和「我的本意」不可能表裡一致，於是有了「表現大致如是的我」和「真實的我」之別。前者便應用了「人格」這個名詞，也構成了人格概念。阿波特即根據歸納所得，而提出了自己對人格所做的界說，至此而對人格定義，有了一個較為周全的解釋。

阿波特於出版其「人格」一書後，繼續從事人格結構和人格發展與形成的研究，以「一個人」為單位而闡述，是其個人有系統的人格論述，或可稱之為「成長說」。

阿波特在後來的一本著作「成長」❹中，對人格的內涵另作了一番說明。首先視人格是以「先天性質」為基礎，包含本能、遺傳基因和學習潛能三者，然後申述所主張的人格內涵。

阿波特所說的人格內涵是一個「璞我」，　即是一個具有多種功能，未經琢磨、但可以「成器」的原形「整體我」❺。在璞我之中，含有八項功能，即是：

1.「我體」(Bodily sense)：是成長的核心，是自己對自己具體的感覺，而且終生存在，由此而知道有「這樣的一個我」。

2.「我同體」(Self-identity)：是「確定的我」，　也就是說「我不是任何另外一個人」，或「我就是我」。有了這項功能，我才是一個「連續」，把昨天連接到今天；到了明天，又可以把昨天和今天連接。推而廣之，

---

❹　Allport, G. W., *Becoming: Basic considerations for a psychology of personality*, Yale U. Press, New Haven, 1955.

❺　Allport不贊成用self或ego來指陳「我」。一則是這兩個名詞各有說法；一則是用這兩個名詞只能說明人格的一方面，而不是整體人格，所以用了proprium這個字，依其涵義譯為「璞我」。

可以連接所記得的過去歲月。

3.「自矜」(Ego-enhancement)：是人類天性中受維護自己衝動驅使、而帶有自我滿意以至自負的作用，常常不免於誇大自己。

4.「自延」(Ego-extension)：自延即是自我的擴張。擴張的方向，除了「我本身」以外，更包括了「我所領有」或「屬於我的」。從「父母」、「團體」到「宗教」；從具體的物質到抽象的觀念和道德價值都是。

5.「理性」(Rational agent)：阿波特提出這一點是多數心理學家和弗洛伊德所忽視而不願提及的，但是這項功能卻是綜合內在需要和外在實際的部分。

6.「自象」(Self-image)：是「想像的自己」。阿波特舉述心理醫療分自象為二：其一是患者所認為的現在的能力、身分和角色，以及自己希望變成的樣子；其二是「理想的意象」。

7.「力底於成」(Propriate striving)：是依照目的而努力不懈的作用。目的非同普通的動機；目的的存在，也非因處於緊張狀態，而要消除緊張。力底於成，和人格統體有關，作用本身自有完整性，其中包括興趣、意向、性質、期望、計畫、解決問題和意願。所指的歷程相當長遠。如果說我同體是過去和現在的連續，「力底於成」便是把現在連接到將來，生活中有了長遠的目標。

8.「知者」(The knower)：所謂知者，實際上也就是「思想者」，簡單的說，就是「思想的人」。人是能思想的動物，思想作用是自我的決定性質。在「知道」或「思想」之中，不但知道「事物」，並且知道「我」。由此前七項功能，才全部納入於「我」之中。

八項功能融合在一起，才是璞我，由此成長，才能形成統整的人格。在成長的過程中，還有若干因素足以影響成長，或形成個別人格。

首先阿波特認為影響成長的因素是「機遇」、「機會」和「有方向的成長」。「機遇」是「碰巧」，像由遺傳基因而形成的性質，由此成為脾

氣、自動性、生理狀況和智力等，是人格的基本條件。這些狀況無從預測，也無法控制。同時機遇也包括生活中的外在環境，如出生的環境狀況、文化狀況、以至氣候和偶發的疾病等。

「機會」指有益於學習調整的萬事萬物，包括機動的生理適應、風俗傳統、語言技能等。學習有賴機會，而且往往是由零至若干累積起來，不僅限於正式的學校教育，尤其入學前的學習機會，依多數人格心理學家的說法，幼年對人格發展有決定性的影響力。

「成長方向」是說人類演進之後，依靠本能而生活的活動愈來愈少，靠智力生活的事項則越來越多。從幼年開始，父母便教導兒童學習減少衝動的行為，並在三歲之前，便為兒童培養成許多生活習慣，明顯的表示出成長的方向，也證明成長需要一些模式，以便在日後的生活中，無論遭遇到什麼情況，仍然可以有「自己要做的原則」為行動的指導。

影響成長的另一個因素是「動機」。阿波特自認其所說的動機，非如一般心理學中所說的「簡單」或「即刻」或「以偏概全」的動機，而是人格成長中的「長程動機」。這樣的動機，表現在對所要作的事，不計利害，而「力底於成」。才有了「發現」或「創造」的事實。

影響成長的第三個因素，阿波特所提出的是「良心」，是人格成長的重要機構，能夠控制衝動、把握機會、依照自己的意象而趨向最終的目的。阿波特承認幼兒從三歲開始，已從父母的教導中認定了良心，此後便成了判斷自己的「是非」的作用，也成了為人的方向指標，由此在「衝動的願意」之外，生出了「應該」或「不應該」的辨別，成了一種「價值義務」。到了承認是「自己的義務」之後，行為便成了「自主的」、以至「責無旁貸」的，不必受「獎」或「罰」的驅使，「自然的」就「如此作為」，方才成為人格方式或風格。

阿波特所舉最後一個影響成長的因素是「價值極標」(Schemata of value)❻。「極標」是一個人自己認為最重要的，做為價值標幟的項目，

並不指「普徧中的極點」。 儘管在一個價值系統中，任何人都不可能一舉一動都符合價值規範，惟有在「大的方面」行不逾矩，便不致自相矛盾，價值極標所指的就在於此。至於某些表面上「循規蹈矩」的表現，阿波特認為不屬這一方面。人格的價值極標在於一個人確切不移、依照一定的方向為人處事的方式。這種方式與文化類型「無忤」， 但卻表現出個性。

　　阿波特從對人格涵義作了一番歷史性探討，到提出人格的「成長」，中間有將近二十年的時間。在這段時間內，許多有關人格的說法出現，阿氏在「成長」中也略有指陳。阿氏在「成長」中的論述，可視為其個人對人格形成的一個說法。這個說法明顯的指出一個人的人格，從這個人（我或自我）開始，就著先天稟賦，加上後天環境影響，逐漸形成一個具有某些特徵的人。彷彿是一塊璞玉（先天的）經過雕琢（後天），而後成為一個「器」。「器」當然也有美醜之別，不過「人器」（人格）始終有一種「自主」的能力，不會完全「聽人」擺布，這也就是「我」的基本素質。

---

❻　Schemata這個字，Allport用轉述式為 "dominant categories"，揆其意為最占優勢的範疇。而且是屬於個人的，故暫定為此翻譯。

參考書目

G. W. Allport: *The functional autonomy of motives*, Amer. J. of Psych., 1937, 50, 141–156.

　　　　: *The nature of personality*, selected papers, Cambridge, Addison-wesley, 1950.

　　　　: *The trend of motivational theory*, Amer. J. Orthopsy-chiatry, 1953, 23, 107–119.

　　　　: *Personality and social encounter*, Beacon Press, Boston, 1960.

　　　　: *The person in psychology*, selected papers, Beacon Press, 1968.

第二章　弗洛伊德的心理分析說*

本世紀之初，弗洛伊德(S. Freud)為人格心理學奠定基礎，所倡的心理分析說(Psychoanalytic theory)仍為現在一派心理治療學家所應用。

弗洛伊德於1856年5月6日生於奧地利靡拉維亞(Moravia)之福來堡(Freiberg)，1939年9月23日死於倫敦。但自三歲至納粹統治奧地利之前，始終居留於維也納。弗氏入學期間，正當實驗心理學為世所重的時候，弗氏從事醫學，而將動力學應用於人格心理學中，且立志為一科學家。在維也納大學醫學院畢業後，於醫學實習中，治療神經病患者，形成所謂自由聯想法，用以發掘病態行為的內在原因，從生理及神經的研究而進入於心理學的範圍，而創造了動力心理學。

在 1890 左右，弗氏應用其病人的資料以分析自己的下意識的力量，由分析自己的夢而推究心理，並可概見內在的動力，於是奠定了人格心理學的基礎，因而寫成《釋夢》(*The Interpretation of Dreams*)一書，於1900年出版。此後其著作依次問世，如《心理分析通論》(*A General Introduction to Psychoanalysis*)，《超快樂原則》(*Beyond the Pleasure Principle*)，《自我與本我》(*The Ego and the Id*)，《團體心理學與自我的分析》(*Group Psychology and the Analysis of the Ego*)等及論文多篇，現經彙成集刊。

弗洛伊德對人格心理學的貢獻，可歸納為三部分：人格的組織、人格的動力、與人格的發展。以下就此三部分簡述並討論以見其學說的要旨。

一、人格的組織

弗氏以為人格係由三種主要系統所構成，即本我 (the Id)、自我 (the Ego)、與超我 (the Superego)。此三系統各自有其功能與特性，但互相密切交合。在健全的人格中，三者成一調合的整體而能適當的合作，使個人對其環境能作有效的交接而滿足其各項需要；若其中之一與其他二者失去協調，使人對環境不能作有效的適應，必然產生不滿於自己或世界的感覺，適應的效力減低，而成為失調的現象。

(一)本我

本我是人格的初步系統，包括一切遺傳的心理因素及本能，與身體及身體的歷程密切接觸，對外在世界的接觸很少。在個人一生當中，本我始終保持幼稚的本性，不能忍受因需要而生的緊張不安狀態，而需要即刻的滿足。因此本我的特質是需求、激動、非理性、反社會、自私、及喜尚愉快。本我在人格成分中，猶如家庭中被寵壞的孩子，任性而不可理喻。

由於本我不能容忍緊張，因內在或外在的需要而處於緊張狀態時，便要消除緊張或至少減低緊張的程度，以便回復至寧靜的狀態。故而本我一方面在避免痛苦，一方面在尋求安樂，弗洛伊德稱此種作用為愉快原則，普徧的存在於一般生物之中，以便在遇到干擾時保持其一致性。

本我的初步形式是消除感覺中即刻的激動，是反射作用。如眼球受到強光刺激而眼瞼立即合攏，使強光對視神經的刺激減低。有機體具有多種此類反射作用以消減強烈的刺激。但在有機體的生活情境中，刺激的種類繁多，僅靠反射作用不能應付裕如。例如飢餓的刺激顯然不是反射所能消除的，必需在獲得食物以後，飢餓的需要方能滿足；而在進食

以前，對飢餓的人來說，是一種挫折，這種挫折所生的不快使本我發生作用，其作用的歷程即稱為初步歷程。

　　初步歷程包括複雜的心理反應，是在產生反射動作的感覺與運動之外，有關知覺和記憶的作用。在生活經驗中，有機體將對事物的感覺和心像保留於記憶中，由於此事物與緊張的消除曾有關聯，故在同樣緊張存在時，相關的事物便會出現於記憶，以印象中的該事物為消除緊張的對策，猶如「望梅止渴」或「畫餅充飢」的作用一般。例如嬰兒在飢餓時從吮吸奶瓶而得到滿足，奶瓶留給他一個消除飢餓的印象，所以在再度飢餓時，便會想像著奶瓶以自我安慰。弗洛伊德相信記憶中的想像與知覺的實體對本我來說是沒有區別的，即是本我沒有分別主觀的記憶與客觀的實物的能力。所以極端飢餓的人幻想著眼前擺滿山珍海味，大海的落難者渴極後幻想海底裝著淡水管的水栓，而日有所思的人便夜有所夢，在夢境中得到所想望的事物。這種對一件足以消除緊張的事物之想像稱為「希望的完成」，弗洛伊德以為一切的夢都是希望的完成，所夢見者即是所想要的東西。

　　從想像中來求滿足顯然不是有效的方法，猶如畫餅不能充飢一般，但是本我的作用卻只限於此，為滿足實際的需要，必須有另一種人格的組織系統，是為自我。

㈡自我

　　由於本能只代表內在主觀的經驗，與外在的客觀實體毫無接觸，其消除緊張和尋求愉快的目的無法自行完成。自我能夠區分內在與外在，依實在原則(reality principle)而作用，所應用的為次級歷程。此歷程係依行動的計畫發現或形成實在，用以適當的解決問題，故而實際上次級歷程即是解決問題或思考的歷程。例如一個飢餓的人應用思考而決定何處存有食物，並利用過去經驗，順利的取得食物以滿足飢餓的需要，果腹

以後，本我所受的緊張壓迫解除，自我的一項任務於是結束。

　　對一個正常的人來說，自我是人格的執行：控制行動的途徑，選擇適應的方式，並決定所應滿足的本能及滿足的方式。但在本我、超我、與外在世界中，常存在著矛盾的需要，自我必須在其間做適當的調和與統整，使本我的需要得到滿足而又不違反社會的限制，使社會的限制保持效力而又不使本我受到挫折，如此自我對其執行的功能可謂作了適當的運用，使人格有和諧與適應，個人的心理保持健全的狀態。

　　自我應用次級歷程以便本我的需要得到實際的滿足，次級歷程與初步歷程相關。在初步歷程中，只有滿足需要之事物的意象，此事物在外在世界中的位置及實況，非本我所知。自我即繼初步歷程之後，尋找或產生此類事物，於是從事行動的計畫，且時時試驗計畫能否實現，故自我有實在試驗的作用。如果經試驗而發現計畫無法完成，便另行思考其他方法，再經試驗與證實，必求達到目的而後已。

　　次級歷程做到初步歷程所無法完成的任務，並區分內外之別，在個人生命中，有更重要的任務，刺激生長，經營知覺、記憶、思考、動作等心理歷程。不但利用感覺的知識，而且以思考將經驗貯積於記憶中，用來判斷或決定。同時，肌肉運動的技巧增加，主宰環境的能力益強。另一方面，自我又有與初步歷程相似的功能，即能製造幻想與晝夢。在這方面，不復應用實在試驗，且附屬於愉快原則，由此使忙碌的自我得有一空閒的時間，且從其中尋到暫時的滿足，但自我能夠認識幻想或晝夢的性質，不似本我之以假為真。

　　自我雖大部分為與環境交應的結果，但其發展卻基於遺傳的能力。即各人都有思考與理性的潛在能力，這種能力因教育、訓練、及經驗的幫助而生長，使個人的思考更為有效，更易接近於真理。

(三)超我

　　超我為人格中的道德與法律的部分，屬於理想的而非實際，是由於自我發展的結果，兒童將父母的善惡標準融化吸收，以自己內在的權威代替父母的權威以控制自己，使自己的行動符合父母的願望，用以獲得贊賞而避免懲罰。故而超我的功能是抑制本我的衝動，特別是性或侵略性的不為社會所贊許的行為；鼓勵自我以道德的目的代替實際的目的以符合禮俗；並爭取完美以得到社會的贊揚。

　　超我是由自我理想 (ego-ideal) 與良心合成。自我理想是兒童得自父母的善的概念。父母以鼓勵兒童符合自己的行為標準而將道德觀念注入於兒童，如使兒童保持整潔，而在兒童做到時必給以獎勵，於是兒童將愛好整潔的觀念形成自己的理想，隨時支配其行為。良心是兒童得自父母的惡的概念，與此相聯的為懲罰。兒童因某種行為而受到父母的責罰，因知此行為是壞的。在超我形成之後，兒童受自我理念的鼓勵與良心的懲罰，前者使兒童樂而就之，後者使兒童畏而避之。

　　兒童得自父母的獎勵或懲罰，亦即超我的形成，可分二種：一為物質的，一為心理的。物質的獎勵為兒童所期望的東西，如食物、玩具、父親、母親等；物質的懲罰為身體的痛苦或羞辱，如責打、奪去兒童所有的物件等。心理的獎勵如父母贊許的表情或語言，所代表的是愛；心理的懲罰則是愛的收回，或表達於語言，或顯示於表情。兒童無不期望得到母愛，因為愛還表示其他較好的供應；而在失去母愛時，將連帶的失去一切所想望的東西。同時也期望保持父親的愛，不然也將受到身體的痛苦或被剝奪某些利益。

　　猶如父母對兒童的獎或罰一般，超我對自我亦用獎或罰以控制個人的行動。但超我不必對自我做實際物質的獎懲，而只是由於思想。例如超我因自我曾經長期的有良好表現而自負，或者因自我有違反道德的行動而負疚或自卑。自負等於自愛，負疚或自卑則等於自恨，其作用與父母的愛或惡一般。

　　超我在人格中代表父母教給兒童的傳統道德與社會理想。但兒童的超我並非父母行為的反映而是父母的訓誡。除父母以外，任何對兒童具有權威的人物，如教師、傳教士、警察等，都可擔任父母的任務而對兒童超我的形成有所貢獻。

　　如以本我為進化的產物或生物遺傳的心理代表，則自我為個人與客觀的實在和較高的心理歷程交互作用的結果，而超我則是社會化的產物及文化傳統的工具。但三者間並無明顯的區分，而是互相交織之共同作用，以構成全部人格。

　　弗洛伊德之人格組織學說的形成在1910至1920年之間。即相信全部人格由本我、自我與超我而成。此三種人格系統在發展上有前後之分。初生的嬰兒最主要的是本我的部分，是一群未經組織或無意的衝動。出生後經環境的漸染，感到幻覺的能力，在想像到所需要的事物時，該事物即出現在前。但在嬰兒的需要逐漸增多，必然有不能滿足的時候，然而卻發現啼哭或姿態可以引起某些效果，於是一部分無意識的本我成為意識的，於是自我漸次形成。但並非全部本我盡可成為意識，而且終人之一生可能有若干本我的部分從未進入意識範疇。自我也不是全為意識的，且有一部分因被壓抑而無從進入於意識。而被壓抑的經驗或感覺則更接近於本我，時而與記憶聯接而表現於自我中，或經曲解而出現於夢境。

　　進入兒童期後，自我將一部分文化標準據為己有，此種文化標準係由父母的教導，將父母的價值系統或標準變成自我的部分，是為超我。超我具有批判的力量，代表父母的態度，特別是為兒童所了解且說明的態度，深刻於早期兒童的經驗中。超我同時包括兒童對自己的理想。但大部分超我也是無意識的，因在父母影響兒童時，只是注入而未經兒童的覺察，此一部分的超我，與部分的自我一般，無法做實際的試驗。

　　依弗洛伊德看來，超我是一種重要的組織，包括人間關係和文化對

行為的影響。自我是執行的機構，負責調和本我、超我、與外在世界，一方面允許本我有所宣洩而得到滿足，一方面使其洶湧的力量不致造成危險或違反超我及世界，故而可謂為折衷的機構。

　　就弗洛伊德的人格組織來說，確為人格心理學奠下基礎。人格的形成包括複雜的因素和歷程，但總不出生理、心理、和社會三方面。本我相當於生理的部分，用以維持並延續生命。在本我受到激動或感到緊張時，是有機體有所需要的時候，如飢渴、性等，這些需要不得滿足，對有機體的威脅便不會解除，也就是有機體的緊張狀態不會消失，因而促使有機體覓求解決的辦法，而自我遂從而執行其職務。自我對外界接觸，因記憶的能力而保持某些與解決問題有關的經驗，且在計畫解決問題的過程中，有實際試驗的作用，以見計畫能夠完成，因而必須運用思考，相當於心理的部分如知覺、意識、思想等。但自我受制於超我，即是受社會文化與自我理想的制約，在與此等制約不相違背的原則下，本我的需要得以滿足，這是人格中社會的部分，而由於人類幼稚期的長久與團體生活的必然，超我顯然構成人格中重要的部分。

　　超我的限制力與批判力雖然相當強，但不似本我處於緊張狀態時對有機體威脅性之大，所以社會上雖然有非禮不行之士，也有因不能忍受飢寒的脅迫，而做出違法犯紀，不合禮俗的行為。有些心理學家以為弗洛伊德過分重視本我而有所疵議，可能是未曾注意到本我的需要不得滿足時的緊張狀態，而為社會所讚揚的行為，也可能是出諸於滿足本我的原始動機，只是個人不曾覺察，他人更不易確定而已。如果能將人格組織的三方面分解開來，使心理的與社會的兩方面完全獨立於生理方面之外，個人的基本需要之滿足可以不靠自我與超我的力量，且不受此二者的影響，則對人格內容的說法必將改變。

　　人格既然包括生理需要、心理能量、與社會文化的影響，而且三者密切交織而互相作用，尤其社會的部分，是出生後方才發展形成的，因

而環境對人格發展具有極高的影響力。例如態度便是環境的成果，信念也是教育的因素，個人有時為爭取社會的贊許而表示與內心觀念不盡相合的意見，即是心理學家所認為個人的表裡不盡一致，而造成人格測量的困難，事實上如果承認社會影響為人格形成的一種因素，便無需對此多所顧慮，因為傾向於社會贊許的方面，即使不是自願的，仍然是人格中的一種特殊表現。

二、人格的動力

在弗洛伊德時期，科學家相信有機體是一個複雜的能量系統。能量生自於食物，消耗於呼吸、動作等，這是自有機體生物的基礎而言。弗洛伊德即根據此生物基礎的觀點來解釋人格心理。他以為人格的能量，與生理的能量一般，發揮於知覺、思想、記憶等心理作用上，稱為心理能量。有機體的能量可以傳達於生理方面，也可以傳達於心理方面，或者在生理與心理兩方面互相交通，可以視之為人格動力，最主要的是本能、心理能量和焦慮。

(一)本能

用於人格方面的能量來自本能。本能是天賦的內在身體激動的泉源，其為心理的表象時稱為願望，由願望而生的身體激動稱需要。故而飢餓的狀態在生理方面總是細胞缺乏營養，在心理方面則是期望食物，是人格的推動因素，不但能夠驅策行為，而且決定行為的方向，是使心意工作的力量。集所有的本能而為形成人格的心理能量，本我為此種能量的接受者，也是本能的基座。

本能的特徵是具有來源、目的、對象、和衝力。其主要來源是身體的需要，需要是身體組織的激動歷程，由於激動而解放原來貯積的能量。

如飢餓狀態使飢餓本能動作，供給知覺、思想、與記憶的力量，尋找食物，記憶食物存放的地方，從而獲得食物。本能的目的在滿足身體的需要，如飢餓時是缺乏營養的狀態，取食以後身體恢復常態，本能的需要便從而消失。弗氏又以為本能之取消需要存在的目的是最後的目的，也可稱為內在的目的；在達到最後的目的之前，尚有其他附屬的目標。如在飢餓狀態消失以前，尚有尋食、進食等動作，尋食和進食可視為附帶的目標，稱為外在的目標。本能的對象包括滿足身體需要的事物與行為，如飢餓的人在發現食物時，不但趨向於食物，而且要採取若干行動以得到食物。衝力即是本能的力量，力量的大小因需要的強度而異，如一個非常飢餓的人所受的衝激要比不甚飢餓的人強得多。

本能有保守性，因其有消除干擾性的激動而保持平靜狀態的目的。而每當激動存在時，本能總是傾向於恢復原有的平靜。回復至原來的狀態是一種迴歸，由於激動至平靜的一再往復稱為重複強制。在日常生活中，有多數重複的強制活動，如三餐間的飢餓與飲食，睡眠與覺醒等。

弗洛伊德以為本能的來源與目的終生不變，但成熟可使來源改變或消除，並由身體需要的發展而出現新的本能。至於本能的對象則有多種變化，如某種對象因受環境或其因素的限制而不能得到時，本能將轉而求其次，用其他對象滿足同樣的需要，將能量轉注於其他事物上。對象的置換是人格動力的重要特徵，說明人類的可變性與行為的多方面性。由對象的變化而生的行為稱本能的引申，成人的興趣、愛好、鑑賞、習慣、和態度都是本能轉移對象而成的能量的置換。

本能有很多種，但弗氏以為列舉本能的種類應是生物學方面的工作，只是先舉出生活本能，後又加入死亡本能兩類。

生活本能也有多種，且為人所熟知，是各種身體需要的心理代表，這些需要的滿足即是生命的持續，例如性本能為心理分析學研究人格所最重視的一種，其來源在於身體各部，稱為性愛區，為口、肛門、性器

官等。在個人生活中，性本能獨立出現，但在青春期後則綜合於生育方面。弗洛伊德以為性本能的形式為性慾力(libido)。初時僅指性能力而言，其後始以為係一切生活本能的力量。

死亡本能說的形成，係弗氏以為造物之初，死亡本能即混於生活本能中而成為生物，故一般生物皆以死亡為終結，而無永生之物。死亡本能的作用不似生活本能的明顯，但可從其引申的毀滅與攻擊看出。就攻擊來說，是自我毀滅的驅策力轉移對象，將攻擊自己的力量用於攻擊外在的對象上。個人與別人搏鬥是由於生活本能受到阻礙，或者人格遭遇困難，由第一次世界大戰的事實，使弗氏相信攻擊猶如性動機的統治者。

生活與死亡本能或互相混合，或互相中立，也可互相變換。例如睡眠即是一種混合，在睡眠中既可消除緊張，又可恢復體力。又如進食一方面用以維持生命，一方面則是因咀嚼吞嚥而毀滅食物，是生活本能與死亡本能的引申，即是生存與毀滅的混合。愛是生活本能的引申，但能改變恨，或者互相變換，轉愛為恨，或轉恨為愛。

本能存在於本我中，但表現於自我及超我。自我是生活本能的重要機構，一方面滿足潛能以維持生命，一方面轉移死亡本能而代以生活本能，即以攻擊外在對象以代替滅毀自己，或以攻擊為自衛的手段，但在自我採取攻擊時，常受到超我的限制或攻擊，例如兒童的攻擊施予父親身上，顯然將招致父親的懲罰，於是兒童認證了施罰的父親，並將懲罰者變為超我的一部分，此後每當自我有違反道德法則時，超我即從而懲罰之。在極端的例子中，超我可能會毀滅自我，例如在個人恥於自己的某些行為而自殺的便是。

㈡心理能力

人格為複雜的能力系統，人格的動力即是心理能力在本我、自我、與超我間的分配與應用。但能力的數量是固定的，分配於一部分者多時，

其他二部分必然減少，故此人格的三系統有爭取能量的作用。

　　本我的能量因反射動作，願望的滿足等以應合本能的需要。用於反射動作方面的能量如飲食、排泄等，能量隨動作而消失；用於願望滿足方面的如製造本能的對象，二者的目的在消除需要而獲得寧靜。能量之用於對象的想像者稱為對象選擇或對象專注，全部本我的能量皆集中用於對象上。

　　本我所用於對象選擇的能量有很大的流動性，即是可將用於一個對象的能量用於另一個對象上，稱為置換。例如飢餓的嬰兒若得不到食物，便將隨手可得的東西放入口中，對本我說來，想像的對象與實際的事物並無二致，將主觀的想像與客觀的事物視為同體，稱為「認同」。

　　在本能的能量受到自我或超我的阻扼時，必然設法打破阻礙而將自己置於幻想或動作中。若打破阻礙成功，自我的理性歷程於焉消弱，如在語言、書寫、知覺、及記憶方面出現錯誤，即是因陷於混亂的情況而失去與實在的接觸；其餘解決問題和發現實在的能量為願望的衝動所削減，即在實際生活中因飢餓而無法集中注意工作的原因。若本我的能量不能直接發洩，便將由自我或超我所取用。

　　自我的本身並無能量，只有在本我進入於潛伏的歷程時方構成自我。應用區別、記憶、判斷、和推理等歷程，自我逐漸發展，能夠辨別想像與實在，應用認同的機具，將能量集中於實際的對象上，稱為自我專注，以別於本我的對象選擇，並由認同而使能力用於真實的思想上。將能力從本我再分配到自我是人格發展的動力事項。

　　在常態情況下，自我能充分的貯存心理能量，從本我得到充分的能量以後，可能不再從事於本我的滿足，而將能量用於知覺、注意、判別、推理等心理歷程中，由此可應用外在事物於自身。自我的能量也可用於阻止或延遲外發的衝動，以便在採取行動之前，得有周密計畫的機會。在能量用於阻止最後的發洩時，阻止的力量稱為反專注，是反本我集中

的能量。此外，自我的能量也可用於形成新的對象專注，雖然新對象未必能滿足基本的需要；如飢餓者或以收集菜單，餐具等以代替尋找食物的行為。或者將能量用於綜合人格的三個系統以形成內在的調和並溝通與環境的交接。若自我能適當的作用綜合工作，本我、自我、與超我可交織為一體。故而自我的能量不似潛能的流動，而是將能量用於溝通心理歷程，投注於反專注，形成自我的利益及綜合。

超我是由兒童規避懲罰與希圖獎賞而認同了自己與父母的道德概念。不過超我的認同是理想化的，不似自我的認同之符合實際；但超我也有獎與罰的力量，前者為自我理想，後者為良心。

良心的禁制是阻止衝動行為及願望滿足的本能力量，或阻止自我機具。故而良心不但反對本我，而且反對自我。良心的反專注有異於自我的反專注，自我的反專注用於形成適當的計畫，而良心的反專注則是禁止任何思想或行動的發生，故而良心區別對象，只問善或惡，而不管是與非。所以注重良心者，道德比真實更為重要。

超我除因自己符合道德標準而獲得社會讚許的滿足以外，並可由攻擊不道德的人士而得到滿足，歷史上懲罰罪犯的殘酷方法即是一例，但在這種例子中是超我為本我所腐化的表現，仍然是原始的本我的力量，故而超我與本我相同的地方，即是都有非理性的及歪曲實在的作用，也可以說是有歪曲自我之實際思考的作用。超我迫使自我以「應該」為「是」，本我先迫使自我以「願望」為真，而使自我的實際試驗作用無從施展。

弗洛伊德以為心理分析學猶如一種動力概念，是將心理生活視為驅策力與校正力的相互作用；驅策力是專注，校正力是反專注。本我只有專注，自我與超我兼有反專注。自我與超我的重要即因本我的魯莽動作有加以校正的必要。人格的動力是能量的變化與分配，個人的行為由動力而決定。在能量為超我所控制時，行為多是道德的；若為自我所控制，

行為將是實際的；若為本我所持有，便將大部為衝動行為。

(三)焦慮

　　焦慮是身體內部器官因激動而生的痛苦的情緒經驗，但這種痛苦的感覺與身體受到傷害時的痛覺不同，而是具有大量的恐懼成分，所恐懼的不是外在的對象，乃是與實在有關的意象，如本我的衝動，或超我的懲罰。焦慮是對自我的一種危險信號，使自我採取行動以消滅危險，在危險解除前，是一種緊張狀態。故而若自我能有適當的處理，危險消失，緊張解除，焦慮便不復存在；否則將使焦慮增加到不能負荷，而達到神經崩潰的地步。

　　弗洛伊德以為焦慮可分三種：實在的焦慮、神經質的焦慮、及道德的焦慮。實在的焦慮是由知覺外在危險而引起的痛苦情緒。這種危險的知覺與焦慮的升起或由於遺傳，或由於後天經驗所造成，嬰兒與兒童期特別容易得到恐懼的經驗，因此時的自我尚不能計畫有效的方法以面對危險，以致兒童常為恐懼所壓倒而深刻下一個可怕的經驗。

　　神經質的焦慮是由知覺本能的危險而引起，是恐懼自我的反專注不能阻止本能的對象選擇，表現於三種形式中。第一是憂慮不適當情事的發生，一個神經質的人常想到一些可怕的意外即將發生。第二是強烈的，沒有道理的恐懼，所怕的事物超出於可怕的程度，如怕老鼠、怕蜘蛛、怕登上高處之類。第三是突發的，沒有明顯原因的驚惶，且在此等反應發生之前，自己也不能覺察任何可能導發的原因。這一類的焦慮是恐懼本我超出控制，以致受到懲罰，與恐懼所關聯的事實並非真正恐懼的目標。

　　道德的焦慮是自我的負疚或羞恥感，是由知覺良心中的危險而起，或者說所恐懼者即是良心，一個人在兒童期經父母所注入的道德法則，發展為超我；父母因兒童的妄為必施以懲罰，發展為超我中的良心，時

時警惕自己，免生妄行，並常責罰自己的妄行或不當的意念，故而具有高度超我的人多有負疚的感覺，而在實際行為中為達到控制本我和自我的地步，卻不能絕對阻止本能的衝動出現於思維中，這類思想亦足引起良心的自責而成為焦慮。

焦慮是心理分析說中一個重要的概念，與人格發展有密切關係，是弗洛伊德對心理變態及治療的重要學說。焦慮的程度在心理病患者中較深，但正常人格並非全無焦慮的經驗，只是程度較輕而已。

弗洛伊德的人格動力說係依生物學的基礎，以為人格的動力，猶如生物的動力一般，是一種性愛的力量，源出於本能的衝動，弗氏的解釋，是將性愛看做廣義的愛，從兒童期開始，一切敏感器官的觸覺快感都包括在內，從這種生物的力量出發，延展於心理方面，甚至在工作中所得到的滿足，也被視為出諸性愛的快感。這個觀點引起頗多的疵議，以致其合作者如容格、艾德洛等也不能完全同意。

人格受生物與生理方面的影響，是無可否認的事實，但若將人格中社會方面和心理方面的發展，都視為由生理導出，便不免有足資懷疑的地方；更將生理的需要，一概包括於性本能中，且更限於性器官方面，亦未免過於武斷。蓋性雖為基本需要之一，但不可能獨斷人格的發展，環境與學習的影響，有時超出於生物限制之上；而且在環境中經過學習所形成的習慣，成為行為類型以後，即變成人格的一部分，此類習慣可能取代基本需要的力量，不復成為衝突而逐漸發展。若以人與一般動物在基本需要方面無大差異，則人最後所形成的人格便是與動物絕大的區別。因為人有控制自己的能力，即弗氏所謂超我的力量，而弗氏亦承認人格動力之總和不變，若動力分配於超我系統多時，自我與本我所有者便相對的減少，顯然的在超我能控制本我時，本我的力量便不足與之抗衡，則本我的衝動便不再能佔優勢，若是又何能成為衝突的原因。弗氏過分重視衝動的力量，一方面由其生物觀點的指引，一方面由其將生物

與社會混淆，以致未能清楚的看出社會因素在人格中的重要性。

　　弗洛伊德對本能的觀點，初時原只提出生活本能一項，這是被承認的觀點，一切生物都有求生的本能，且無論環境如何艱苦，始終在為生活而奮鬥。至死亡本能，弗氏雖曾提出，卻無深入的解釋或充分的證明。弗氏以為死亡本能表現於自殺者的極端例子。但在全人類中，自殺者仍佔極少數，而且自殺的明顯原因，常是在社會中受到不能突破的障礙或壓倒個人的挫折，全出於本能衝動的證明，尚付闕如。弗氏又以為死亡本能又表現於毀滅或攻擊的行為中，誠然這是不難見到的行為，如兒童拆散玩具、撕毀物件，但卻無法決定此等行為係出於死亡本能的驅使。因兒童之毀滅物件，常常是由於自娛，在聽到撕裂聲或將整個物件拆散時，所表現的是愉快和滿足而不是受挫折後的反抗或攻擊。至於攻擊性的殘酷行為，如常受懲創的兒童習於懲創他人，可能只是經驗的重複而非由於死亡的衝動。更由許多自殺的例子中，自殺的行為既未與求生的行為同時發生，且常在求生不得之後，方做此決定，如果死亡與生活同為本能，則不應後求生而出現，所以這一點仍有待於證明。

　　弗洛伊德的焦慮說，更側重於神經質的焦慮，且其起因主要的與性衝動有關。在弗氏所治療的神經病例中，或者有此情形，但卻無法確定一般人皆有程度不同的神經質的焦慮。由於個別差異，有些人格中確含有過多恐懼的成分，顧慮太多，畏首畏尾，至所畏懼者則有多端，不能完全斷定為恐懼本能或良心的懲罰。

　　弗洛伊德以為人格包括心理能量是可以承認的觀點。但心理能量是有關於生理和社會兩方面的，無法斷定全由本我出發。心理能力之分配於生理方面者多時，使個人重視基本需要的滿足，因注意集中於一方面而忽略了其他方面，也是經驗中的事實，故而能量分配的多寡，使人格中的生理、心理、與社會三系統的發展有輕重之分，是無需置疑的。

　　綜觀弗氏的人格動力說，以人格為心理能量所影響，是極大貢獻，

但弗氏過分重視生理方面，且常將生物的與社會的因素混淆，是研究弗氏學說者應予注意的一事。

三、人格的發展

弗洛伊德極重視人格發展，並以為五歲以前是人格發展最重要的時期。人格的發展是由於對緊張狀態的反應。緊張的形成或由於外在挫折、或由於內在矛盾——專注及反專注——而生的痛苦激動，或者由於焦慮；加上成熟的因素，使本我、自我、及超我形成一整體的人格。

成熟的因素使學習成為可能。從嬰兒無意義的咿唔，至能用語言表達意思，自本我佔優勢的人格至有人我之分，以至成為具有某些個人特質的人格，人格的發展與學習和成熟同時並進。

弗洛伊德既相信消除緊張以恢復寧靜是人格的動力作用，在生活歷程中每個人不免有緊張狀態產生，對於緊張的反應有三種方式：認同、置換、與自衛機具(defense-mechanisms)。

認同在自我及超我的形成時曾經言及。在人格的發展中，認同所指者係將別人的某些特質，認為存在於自己的人格中，將別人所有而自己所無的特質做為己有，可以感到實際上未曾得到的滿足。依弗氏看來，認同亦有四種比較重要的類型。第一種是「自戀」(narcissistic cathexis)的擴張，一個人因滿意於自己所具有的某些特質，而認明別人與此等特質相同者，這種認同與挫折無關。第二種是為目的所指引的認同 (goal-oriented identification)，見到別人因具有某些特質而得到成功與滿足，從而想獲得這些特質以滿足自己，此為崇拜英雄心理之所由生。而且在模倣心目中的英雄時，可能只是其人格中的一部分，即是為自己所艷羨的一部分；但通常在摹倣一部分人格時，往往即包括其全部，所以不但學習特別明顯的特質，甚而該人物的微末細節也不會遺漏。第三種是對

象喪失的認同(object-loss identification)，在失去或不能得到一個所想望的對象時，使自己成為該對象的化身以便復得或保持此對象。對象喪失的認同在兒童中極為普遍：為父母所摒棄的兒童，或失去父母的兒童，常摹倣父母的行動或願望，在前者中或可由此贏得父母的歡心，而使對象恢復，在後者則將所認明的特質置入於自己的人格中。第四種是對攻擊者的認同(identification with an aggressor)，是認明一個權威者所定下的禁條，如遵守父母的禁制以避免懲罰，這種認同是由於恐懼。父母常是被認明的對象，在生活中更有許多被認證的人物，有時為動物或其他，最後成為個人的人格。

置換之發生是由於原來所取以消除緊張的事物不能得到，阻止獲得的力量可能是外在的，也可能是內在的。在一個對象不能得到時，必然退而求其次，選擇另一個可以代替的對象，否則緊張始終存在，本能的來源與目的將永不改變。若第二個對象仍然不能得到，便再尋求另一個，直至能得到一個對象為止。由於對象的置換，所得到者與原來所選擇者可能不盡相同，故緊張消除的程度也有異。由置換的原因而使緊張遺留一部分，多次遺留的緊張累積成為行為動機的力量，因而不斷的尋求對象。

置換的方向有兩個主要的因素：其一是原來的對象與其代表者的相似程度，其二為社會所加諸於個人的允許或禁止，第一個代替對象與原來的對象相似的程度較多，而這個若仍不能得到，勢須選擇另一個，置換的次數越多，最後一個代替對象與原來的相似程度就越少，令人滿足的程度也越低，直至自我不得不折衷於本我、超我、及外界之間，以最後所得的對象聊勝於無以為慰。因社會的壓力而置換對象者，常用一種為社會所承認的對象以代替被禁止的一個，以求得到性質相似的滿足。例如兒童漸長後不許吮吸拇指，則吮吸動作受到阻礙，為滿足吮吸的需要，改為吮吸受許可的棒棒糖，至成人後，吸煙遂成為吮吸的代替品。

在代替的對象屬於高等文化的目的時，置換改稱為昇華。如將力量用之於學術、人文、或藝術的探討等，於是原來為性的及攻擊的直接表現，成為非性的、非攻擊的行為。在昇華中，本能力量之來源與目的仍舊，只是消除緊張的對象與方法有了變更。弗洛伊德以為達文西 (da Vinci) 喜畫聖母像是由於懷念幼年失去的母親，以聖母像代替母親以滿足自己。但昇華並不能造成完全的滿足，故仍有部份的緊張存在，是成為神經質的一種原因，也可導致人類最高的成就。

弗洛伊德以為人從不放棄對原來對象的渴望，如果代替的對象不能完全滿意，或者繼續尋求，或者姑且安於代替者。在承認代替對象時，稱為補償。如短小的人常故做高大。補償的行為極多，其結果可能使人有極好的成就，但其起源卻是由於補償孩子氣的願望所促成。

自衛機具是由於自我為消除焦慮的壓力而起。其特點是否認或歪曲事實，而且是無意識的作用，故而本人並不知道是在應用自衛機具。弗洛伊德曾提出多種自衛機具，其中最重要的是壓抑 (repression)、投射 (projection)、反形 (reaction formation)、及膠著 (fixation) 與迴歸 (regression)。

壓抑是由對象選擇而起的將驚懼驅出於意識之外的作用。驅出於意識之外，可以免除焦慮。壓抑是正常人格發展之所必需，而且各人皆有若干程度的壓抑作用。但若徒靠壓抑以應付威脅，將處處受到拘束，必然時刻表現著退卻、緊張、固執、且自為壁壘。

投射是將神經的或道德的焦慮變為客觀的焦慮，將受於內在的壓力當做外在的，使自己良心的責罰成為外在的責難，將對於自己的恐懼變成為恐懼別人。在這種情形中，一個人可將「我恨他」當做「他恨我」，將「我的良心責備我」變為「他責備我」。 如此一方面可使自己所受的威脅程度減輕，一方面可將自己無從宣洩的衝動，用諸於所想像的敵人身上以滿足自己。故而理由化(rationalization)是常用的方式，以便為自

己的過失找到藉口或代罪羔羊。或者將自己的某些感情或思想置諸於別人身上，也可減輕自己的內疚，如「人非聖人，孰能無過」。或「同是天涯淪落人」之類的想法，頗能為自己找到寬恕或安慰。

反形是承認與原有本能相反的一種願望，藉以減輕威脅的力量。本能及其引申而出的性向可各組成相反的一對，如愛與恨、生與死、建設與破壞、統制與屈服等。自我受到因本能或超我而起的焦慮的壓迫過甚時，可能集中力量於相反的一面，若因怨恨某人而致焦慮，自我可能大量放出愛以代替恨。反形的愛與真實的愛之區別是前者超出常情，而且不因情境變化而有任何更易。

在正常的發展中，人格亦遵循著嬰兒期、兒童期、青年期、及成人期等幾個明顯的階段。如果在發展過程中受到挫折，以致不能循序進入次一階段，則稱為膠著。例如入學後的兒童，仍然以幼兒的口吻及言辭說話、吮吸拇指、不離母親或教師左右，其動作小於實際年齡，可能即是膠著的表現。膠著係因恐懼或焦慮而起，不安全、失敗、或懲罰都可使人回復至低於實際年齡階段的時期而表示出幼稚的行為。如果回復到更早的階段，則稱為迴歸，如結婚後的婦女因不能與丈夫相處而回至母家，企圖如兒童時期般得到父母的保護。膠著與迴歸是相對的情況，一個人很少完全膠著於前一發展階段或迴復至更早一期的發展階段中，只是其人格傾向於孩童式或做出幼稚的行動。

弗洛伊德相信兒童五歲之前，要經過一連串動力區分的階段，在此後的五六年中，動力逐漸穩定，稱為潛伏期，青年期動力復張，然後又逐漸穩定而進入於成年期。

弗洛伊德的人格發展說，仍然是基於本我而後至超我，自我是折衝於二者之間的部分，不斷認明並選擇所需要的對象以滿足本能的要求，人格也即由此而發展。是弗氏忽略了人格發展中的社會因素，或者將某些社會因素看成為生物的因素。在弗氏看來，社會對個人的本能需要的

滿足是極大的阻力，特別是性慾和攻擊，是社會所禁止表現的，而此二者又是人類的本能或包括於本能中，既然不能得到滿足，所以個人在外界不斷的受到挫折，在內在則受到良心與本我衝突的威脅。在這種動輒受挫、自相矛盾的情況中，難免神經病的發生。弗氏是由治療神經病患者而發展出他的學說，將注意集中於切近的少數對象而忽略了較遠的大多數是難免的事實，而從少數特殊的例子綜合為普徧的原則，是否真正具有普徧性自是問題。

四、評述

綜觀弗洛伊德的心理分析說之可以應用於人格心理學方面的，是其人格組織之分生理、心理、與社會三方面，但此三系統的本源與發展，尚有商榷的餘地。依弗氏的觀點，自我與超我都由本我發展而來，本我是最早發展且最基本的系統，心理能力亦由此而轉注於自我或超我，是弗氏特別重視生理的部份，心理的部份是滿足生理需要的機構，故而自我在人格發展的開端並不是最基本的，而且此後的功能永遠受本我的影響。這個觀點業經新弗洛伊德派加以修正。在新學說中，自我並非從本我發展而來，而是與本我同其根源而並行發展的。新說之較弗氏的說法易被承認可由人類潛能的發展而解釋。成熟之所以可能是因為原有此種成熟的因素，雖然由於發展階段的長短，某些因素在較早的時期已很明顯，另一些因素則要待較長的一段時間之後方才顯著，卻不能因顯現時間的遲早而決定後出現的是由早出現的發展而來。就弗氏的觀點來說，自我的作用是思想、記憶、判斷等，這些心理因素遠比饑餓和疲倦等感覺複雜，複雜的作用需要較長久的時間發展，業經實驗室的證明；而人類的心理歷程常要配合其他明顯的動作方才易被覺察，這更有賴於成熟，但這些因素在成熟之前業已存在則可以確定。同理，社會方面的發展也

應基於內在的發展的可能性，如超我之接受社會的禁制，必須先有可以容納社會影響力的因素，方能在環境中充實發展，決不是硬行注入的；而且人格中社會的部份，應該看做與生理、心理的部份有關，而不是一脈延展的。弗氏把本我、自我、與超我看做相連的一脈，後二者從本我出發，而未予三者同樣的基礎，賦予同樣的重量，遂不免使其人格學說，側重生理的一方面。

弗洛伊德重視生理的部份，是由其生物導向的影響。在弗氏眼中，人格為生物的本能所支配。自我的心理功能是為滿足生物的需要，超我的社會制裁，便成為滿足需要的障礙，所以自我常常要折衝於本我的要求與超我的禁制之間，而不斷的受到挫折。無可否認，當本能的需要存在時，確是一種激動，激動的程度與需要持續的時間成正比，所以一種本能的需要在得到滿足以前，使有機體陷入於緊張狀態；但這一類需要的另一特點，是一經滿足，緊張便完全消除，宛如從未發生一般，直至同樣需要再起時，方又成為激動。而且在各種本能的需要間，常有一個占優勢的需要將其餘的壓下，由於需要之易於解除及各種需要的程度不完全相等，使有機體所感的緊張中的不快不致成為最嚴重的問題。從本我的作用時間上看，其佔有人格作用的時間遠不如另二系統之多。由此可以看出本我在人格中所應有的分量。

弗洛伊德之人格中社會的部份，即其所謂之超我，主旨在指社會力量對人格的阻扼，尤其是對性和攻擊的反對，而這二者卻是主要的本能或本能的部份。於是弗氏眼中的人格，是超我與本我衝突的綜合，是弗氏只看到社會對人格的壓力，而未注意社會對人格的助長，更未注意到社會的挫折並非對本我的挫折，有些是純由於社會因素。最顯明的事實是若將社會的禁制除去，便是從人格中剔除社會的一個系統，則人格的整體將成為何物自不難想像。而且個人從社會和教育中得到的滿足常超出於受挫折的苦惱；至若弗氏所謂因受挫折而造成的戰爭乃是競爭的結

果而不是出自本能的宣洩，人類學家證明在競爭性較小的社會中，攻擊和戰爭也較少，由此可見攻擊並非出自本能而是社會的產物。更由弗氏所謂兒童傾向於異性的親長以致形成變態的後果看來，是弗氏忽略了某些父母對異性的兒童由於特別原因而特別接近，是種因在父母而不在兒童。

弗洛伊德以為焦慮是恐懼本我超出控制和恐懼外在的世界，但近年研究焦慮者以為恐懼的對象常是社會中某一有意義的人而不是自己的衝動或因而引起的懲罰，是又將弗氏所重視的生物方面轉變為社會的。事實上很多人常多所憂慮，另一部分則否，多慮者的處境未必比少慮者更困難，則焦慮之多少是否由於遺傳因素尚待研究，但焦慮與人格有關則無庸置疑。

弗洛伊德的心理分析說肇始了人格心理學的研究，且被大量應用於心理治療中，對人格學說有其貢獻，開啟了這方面的研究。

＊本章原載《師大教育研究所集刊》第十一輯，民五八，為國科會獎助研究之一部分，經修正而成。

參考書目

S. Freud: *The Ego and the Id,* The Hogarth Press, London, 1947.

　　: *New Introductory Lectures on Psychoanalysis*, W.W.Norton & Company Inc., N.Y., 1933.

　　: *An Outline of Psychoanalysis*, W.W.Norton & Company Inc., N.Y., 1949.

　　: "Instincts and Their Vicissitudes", In Collected Papers, The Hogarth Press, London, 1946.

　　: *Beyond the Pleasure Principle*, The Hogarth Press, London, 1948.

　　: "A Note on the Unconscious in Psychoanalysis", In Collected Papers, Vol. IV.

　　: "The Unconscious", In Collected Papers, Vol. IV.

　　: *Inhibitions, Symptoms and Anxiety*, The Hogarth Press, London, 1948.

　　: *Civilization and Its Discontents*, The Hogarth Press, London, 1930.

　　: *Psychopathology of Everyday Life*, In the Basic Writings of Sigmund Freud, Random House, N.Y., 1938.

　　: *The Ego and the Mechanisms of Defence*, International Universities Press, N.Y., 1946.

J. Strachey: *The Standard Edituion of the Complete Psychological Works*, Hogarth Press, London, 1953.

第三章　艾德洛的個別心理說

艾德洛(Alfred Adler)於1870年生於維也納，1937年死於蘇格蘭。於維也納大學習醫，後成為心理治療家。曾與弗洛伊德相識，因觀點不同，於1911年後形成自己在心理學方面的觀點，建立個別心理研究社，從事個人學說的發展。艾氏著作頗豐，其《個別心理的實施與學說》(*The Practice and Theory of Individual Psychology*) 可代表其人格學說的概觀。由於其個人對社會方面的興趣，使其重點趨向於社會因素。他以為社會的驅策力是人類最基本的動機，個人人格是在社會中所形成，這和弗洛伊德以為生物的需要是行為的成因不同；而且認為人本來就是社會性的，個人在本質上要與別人關聯，共同從事社會活動，將社會的福利置諸於個人利益之上，由此而獲得生活方式(style of life)。一個人為完成自己的特別生活方式，在不斷的探求經驗，如果不能於現實世界中發見，便將由自己創造，艾德洛稱之為創造的自我。艾氏又由此強調人格的獨特性，每個人都是其自己的動機、特質、興趣、和價值的綜合體，而且對自己切近行為的原因完全知覺，這又和弗洛伊德之重視下意識不同。艾氏的重要觀點要略如後述。

一、編織的最終目的

艾德洛所謂編織的最終目的，係由斐漢根(Vaihinger)的觀點發展而來。斐氏在1911年出版其《設如心理學》(*The Psychology of "as if"*)，其中解釋想像包括非意識的概念，這種概念並不存在於實在之中。因為

心意不僅運用、而且融合並組織，在生長的歷程中，為適應而創造自己的官能，如知覺、思想、概念等。想像即是心理組織；同時想像是不合邏輯的觀念，是主觀的，不能成為客觀；也因此是非意識的。

艾德洛以為編織的最終目的是將來的目的，是假定的，猶如所經驗的現在一般，以假定為現實，可能自己並未覺察到，因其有關未來，而是自己的期望，但是自己並不知道何以會有這類期望。艾德洛相信一個人所受於期望將來的激勵多於過去的經驗，因這些期望而使自己不斷的進取。要想了解一個人的行為，必須從編織的最終目的上去探討，否則便無以明瞭心理現象。

想像的目的是個人自己創造的，是內在的因，也可說是許多行為的主因。從單一的行為，可以發見其切近的因，但若不把整體視為對象，便無從發見在許多切近的因之後，尚隱藏著一個最終的因。這最終的因不是具體而明顯的擺在那裡，因為其特性是非意識的，顯然未曾經過適當的，聰明的組織，也不可能真實的存在，只有把這最後的因看做心靈的目的，在為自己尋找方向，才能從一個人所用的力量，所有的願望與恐懼，稍稍尋出端倪。

編織的最終目的是自我理想，超出於實在之上，卻異常有力。是一個人的真實創造，故而其注意、興趣、和傾向的選擇完全受此理想的指引，而肯於趨向於將來。故而想像的終結是人格一致的原則，其尋求優越感的目的是抽象的，其克服困難的工作是想像的，但卻必須出現於實際中以符合其任務。故而可見於一個人對別人的態度，對自己職業的選擇，以及對異性的應付中。在社會中一個人企圖統治，在事業上期望成功，接近或規避異性。從這些方面可以推究個人最終目的的意義。

自我理想或最終的目的既出諸自己的創造，則一個人一方面是藝術家，一方面又是作品，即是說人格是由自己形成的。艾德洛以為人格不是生成的，人格不等於遺傳的潛能，而是一個人如何應用這些潛能。應

用的方式代表個人的特性，或者說代表個人人格中的特質。所以儘管假定各人有同樣的天賦能力，卻無法於世界上發現兩個完全相同的人格。則個人人格的形成，有賴於自己的創造能力，在自己所製造的目的下去發展，遂表現出應用潛能的差別，遂使每個人具有一獨特的人格。於是個人與環境間的關係必須認識清楚。一個人在反應環境中創造自己的最終目的，但對環境的反應卻非被動、而是創造活動的表現。在目的的驅策下，一個人始終面對著一個方向──最終的目的，這最終目的有本身的一致性。由此艾德洛發見了其人格學說的重點，一個人因自我的探求而創造了自己的人格，故而人格是主觀的、動力的、一致的、屬於個人的，而且是獨特的。

二、力爭上游

艾德洛既決定最終的目的為指導人格的方向，又認為人格中必然有一種動力促發個人的活動。在1908年之前，是其仍然與弗洛伊德學派來往之時，相信攻擊是個人保持一致和統整的力量，但已否認性的力量。其後又以為男性的權力欲是人格的動力；最後方確定力爭上游是人格主要的動力，如企圖彌補缺陷、克服困難，並由其治療神經病患者發見此類病人之力爭上游甚於常人，但與常人之別則是神經病患者所爭的是個人的優越，常人則注意於大眾或社會。

在艾德洛看來，力爭上游與生理的發展併行，同為生活所必需，存在於解決生活問題的基礎上。人類在生活中，求克服、求安全、求昇進，處處表現著向上或向前發展的傾向。這種傾向普徧的存在於每一個人。由克服困難而感到自己的強壯、優越、和完善。而且力爭上游的傾向始自兒童期以至生命的終結，希圖從卑微昇高至優越的地位，希圖轉敗為勝，最後達到完美的地步。所謂完美未必見諸於事實，只是求完美是生

活的一部分,是一種內在的力量。

生活的內在力量猶如最終的適應,適應外界的需要是為了生存而形成的個人或人類與環境間適當的關係。二者的關聯永不停止,為了有一個正當的將來,必須先有一個正當的現在,於是在軀體和心意中必須趨向於最終的適應,克服宇宙形成的不利條件。在目前是求安全,進而克服實在中的困難,建立理想的社會,在這種歷程中,必有相當的容忍,且將繼續容忍下去,而容忍是由於企求社會利益而產生的。

有所企求,無論想法或動作是否適當,其方向永遠是由低而高,自下而上的,即使愚驗者仍然存有克服困難,爭取勝利的願望。力爭上游可見於神經質的目的者是強調自尊。這種傾向與兒童的期望長大一般,要成為一個真正的人。此原因在神經病患者可能感到自己不似常人的強壯,如兒童在成人面前感到自己的渺小一般,於是藉攻擊以為爭取自尊的手段。另一方面,用保持自尊以袪除自卑感,從而消弱所感受的不安全——被輕視。

依艾德洛的觀點看,力爭上游起於因缺陷而生的卑微感。缺陷包括不快、恐懼貶抑、無知、被剝削、感官或語言器官的缺陷、欠整潔、疾病、被輕視等。這些原因使一個人感到屈抑、脆弱、和不安全,從而產生彌補的保護傾向;企求快樂、勝利、知識、財富、藝術、整潔、生命、與自尊;由此可使自己感到強壯而優越,以至接近於自我理想。

神經病患者與常人之別,在於前者注重自尊而不用適當的方法獲得,即是不從致力爭取社會的福利以贏得別人的重視,徒然在毫無貢獻的狀態下要求別人重視自己,結果自難如願。而力爭上游既是人格的普徧動力,常人自然也存有此種傾向,只是常人並不戚戚於人不我知,而從謀求社會福利,關心別人著眼,其目的在於實際的利益,注意別人及與人合作,結果個人的某些缺點得到實際的補償,贏得社會的重視,爭取優越的願望也從而實現。所以力爭上游的傾向,普徧的存在於神經病患者

與常人之中，所差者是程度深淺不同；神經病患者所爭取的是個人的優越，常人所企求的是社會的福利，在類別上亦顯然不同。

三、自卑與補償

對自卑感的觀點，艾德洛得自其診療的經驗。從病例中發見，器官的缺陷常造成心理的自卑，這種心理現象，並非直接受生理功能的影響，而是從生理現象產生的。最明顯的是感覺器官或語言器官，同時伴隨著因器官缺陷而產生的補償作用。艾德洛相信一個人因某種器官而受的痛苦或不便，使其設法補償，且常在該器官的作用方面發展，故而口吃的人努力矯正其語言習慣，往往成為有名的演說家，聽覺有缺陷的可以成為器樂家，身體衰弱的可以成為健壯的人。

除因生理缺陷而生的自卑感外，又有因心理作用而生的自卑感，在達到最終的目的之前，一個人因自己不及理想而感到脆弱、無能、和不夠完美。從經驗中所遭遇的問題、危險、緊急事件、和失望、損失等，在在感到憂愁、恐懼、以至焦慮。其中最主要的是自己尚未符合自己的理想，在理想和現實比較之下，顯見自己尚未達到最高的境界，未得到一切想望的事物，遂不免對自己失望和不滿。

環境的改變也是造成自卑心理的原因之一。當一個人進入一個新環境時，由於對此環境的情形、風俗、習慣等缺乏相當的認識，不知如何做適當的反應。每事問固然是獲得知識的方法，但多問猶如表現無知；而且在能從容的運用環境中條件之前，必感到諸多不便；而在把自己變成為新環境的一分子以前，「異鄉人」的稱號使得自己在人前感覺受到歧視。

對自卑感觀點的延伸，終使艾德洛承認其為生活中一種普徧的感覺。在生命的任何階段，不完善或欠完美始終存在於感覺之中。自兒童期開

始，在軀體方面比成人弱小，且須仰賴成人的保護與供應，相形之下，不免感到自己欠完美。若再經成人權威的控制，益使兒童感到自己不如成人遠甚。此後個人的期望紛至沓來，在每個期望實現之前，自卑感必然存在心中，及最終的目的形成後，更成為自卑的主因。

為免除自卑的苦惱，力爭上游遂成為人格的動力；而欲求其早期實現，遂有補償作用的發生。對於器官缺陷的彌補已如前述，對心理因素的自卑常向心理方面尋求補償，如弗洛伊德所謂之認同即是一種補償作用，藉以安慰自己所缺少的事物；非意識的想像的目的，也是補償作用的引導；神經病患者的爭取自尊，也是出自補償作用。

自卑與補償常常相互作用，且自艾德洛看來，除深度的自卑情結與超度的補償作用之外，概可視為正常的狀態。一個人因自卑而求改進，達到目的後可以使自己得到安慰；社會的進步與文明的開創，便是藉眾多自卑者之力，在將目標擴大於社會福利後促成的。所以自卑和力爭上游一般，是人格的動力，也是人類社會趨向繁榮和進步的主要關鍵。

四、社會興趣

艾德洛相信社會興趣為人格中內在的因素，如果將人類的社會傾向看做一種潛能，則這種潛能和其他生理的潛能一般，存在於人類的天賦之中。不過生理的潛能如呼吸、飲食等由有機體本身所具有的組織而發展，社會的潛能則必須在社會中或與別人的關係中發展，故而社會的發展是基於個人先天的素質和社會關聯。

社會興趣之為內在的，如企求克服一般，只是內在的社會本質，初生時較弱，須待在社會中與別人接觸方能發展。幼兒最初接觸的人是母親，與母親的接觸是開始培植這種內在潛能的機會。如果母親能正當的培養兒童的社會意識，使兒童由對母親的關係而擴展至其他的人，則社

會興趣不難得到正當的發展。如果母親將兒童的社會興趣只集中於對自己，使兒童沒有機會將能力發展到別人身上，甚至父親也被劃在別人方面，結果必限制兒童的社會能力於極狹隘的範圍，而得不到充分的發展。

在艾德洛看來，社會興趣亦可稱為社會感，是對生活評價的態度；與反社會的態度完全不同，若欲詳細解釋，是以別人的眼光來看，以別人的耳朵來聽，以別人的心來度量，是與擬情作用(empathy)相同的能力。擬情作用是社會感的一種，同情是其中另一部分。無人能否認具有社會興趣，即使個人表示對社會毫無興趣，也必須在另一方面找到平衡，以為其先在的社會興趣謀取發展的途徑。

社會對於生活的影響，與自然的影響力同樣重要。若以決定生活的第一個例證是自然，則第二個決定例證便是社會。因為人類須營共同生活，自動的形成規則，且在一個人來到世界之前，社會已然存在。共同生活的必要，是因為人是一種脆弱的動物，不能單獨生活，難與自然抗衡。由此可以推定人有弱點，因損失與不安全感而覺察到自己的弱點，因而設法適應、供給、並創造可以彌補弱點的環境，在社會中，人類對自己的弱點得到補償。

艾德洛的個別心理學與社會學有關，因一個人的社會興趣關聯著三個重要的問題：職業、社會、與愛。任一種問題都不能單獨解決，必須同時顧及到三項問題對個人同等重要的影響，猶如須了解整體的人格才能明瞭一個人某一特殊問題一般。

就職業來說，人類生活於地球上，依賴於有限的物資。人類始終在尋求充分利用物資以解決生活問題，歷史的每一階段都可謂達到一種有限度的解決問題的步驟，然而尚不能謂已達到最完美的階段。在謀解決問題的歷程中，每個人有一種自己所選擇的職業，由此供應自己的生活，並由此而供應自己的家庭，且為下一代準備較好的教育與人生。但一個人之保有一項職業的目的絕不止此，因為一個人的職業除能解決生活問

題外，尚能使個人感到自己是一個有用的人。如製鞋者從收穫上解決了生活問題是一件事，而因其工作使很多人有鞋穿，是對社會的一種貢獻，這種貢獻使鞋匠感到自己在社會中的價值，使自己得到滿足，從而彌補了某種程度的自卑感。

社會，是連接人類的環結，人們必須常常體諒別人、適應別人、並對別人感到興趣。由友誼、社會感、與合作而達到這個目的。也由於這項任務的完成使人們獲得職業，解決了生活問題；同時學習到合作。因合作而使個人的工作得到保障，給予個人安全感，並且形成社會的進步。合作使個人認識自己與別人間的關係，感到自己在團體中的重要性，在個人方面確定了自己的價值，在社會方面使公眾生活同樣得到利益。

愛是兩性之間的關聯，由此完成本身對人類延續的責任。但愛的問題不能單獨解決，而必須與其他二者相連。為使有美滿的愛和婚姻生活，一方面要表現兩性之間的合作，一方面要貢獻個人的勞力。是社會興趣，但需在社會中受到適當的訓練而發展。

五、生活方式

艾德洛既以個人編織的最後目的為生活的指導，力爭上游是驅使個人達到目的的力量，所用以達到目的的方法人各不同，由此而見出個別人格的獨特性。生活的方式表示個人的特質，即是個人的獨特人格的顯現，也是艾德洛個別心理學的標記。

生活方式是個人在環境中為自己所做的造型，而且在不利的環境中，表現的更為明顯。生活方式的表現與環境不可分，在以環境為背景時更易看出。生活方式的個別性，來自各人的環境不一，猶如同為一種松樹，生長於山頂上的和生長於山谷中的截然不同。

個人的生活方式為最終目的所指導，儘管各個人的目的不同，但目

的對每個人的作用卻無二致。即是提高個人的價值，為個人帶來安全感。個人所認為最有價值的、或所定的最後目的，是個人獨特的表現，因個人為生活所賦的意義而定。而目的經確定之後，個人便致力於達到此目的。從每個人的目的和努力趨向於目的的方式中，可以看出個別差異。例如一個人可能立志做醫生，醫生的意義對他說來有很多種：或為醫學專家、或為對人或對己的興趣。立志為醫是對卑微的補償，想從醫學中發見減少疾病和延長生命的方法，是由於幼年時經驗死亡或疾病的威脅，感到人類脆弱而定的志向；或者想藉醫以普救病患，減少人類的疾苦。從這個志向決定之後，便從事獲得醫學的知識和醫療技能，逐漸形成醫生的生活方式。

　　艾德洛以為個人的最終目的決定於五歲之前，此後便開始創造生活方式，根據生活方式集合經驗，形成個人所特有的法則或原則、特質、和世界概念。所以生活方式所代表的是個人的自我，由個人的意見而發出各種行為。在幼年，個人由自由創造的力量以形成想像的最後目的。兒童由最初的運動和功用中，經驗到身體器官的效用，但因環境與兒童接觸的差異，個別兒童對自己能力的感覺無從獲悉，可以確定的是如果器官有缺陷，必然使兒童感到這缺陷的壓迫，從而應用其創造能力以為補償。即使身體器官沒有明顯的缺陷，兒童們仍然可以覺察到自己的脆弱與無能，發現自己處於一個不能負荷的環境中，因而向著為自己所定的目的，力求發展。

　　在目的確定之後，個人人格保持一致性，始終為達到此一目的而努力，且指導個人的行為，永遠趨向於此固定的方向。與此方向不一致的事實，常被個人忽視，故而一個人的意見便膠著於某些方面，由此而顯示出人格的特點。由個人致力於所決定的目的，艾德洛形成其所謂之個人運動律 (The individual's law of movement)，是決定個人人格的因素，沿著個人運動的方向，可以探索個人最終的目的，由了解生活方式而達

到了解人格的地步。

艾德洛對生活方式的概念，在其前後發表的文章中，頗有不一致的觀點，以其後期論文為斷，生活方式是因最終目的而定，各人皆有一最終目的，但所採取的達到目的的方法卻各不相同。由於目的的一致性與趨向的堅持性，表現於方式之中，故此類方法稱為生活方式，是代表個別人格結構的重要因素。

六、評述

艾德洛的個別心理學是深度心理學，對人格的觀點注重於人格的動力和個別人格的獨特性。依艾德洛看來，人格的形成基於一種重要的動力，這種動力在各個人中是普徧存在的，即是力爭上游的力量，是由於感到處境的卑微或具有的弱點而起，為彌補這種卑微的感覺，努力向上，希圖從克服困難中表現自己的力量，從比較優越的成就中減少因卑弱而生的不滿；至於生物方面的因素和過去的歷史，只是客觀的因素，與個人的力爭上游有關，而非形成人格主要的原因，客觀因素對個人的影響因個人對這些因素所有的態度以為斷，個人並非完全限制在生物因素中，也非掙扎於基本需要和現實的禁制之下。

力爭上游是人格發展的力量，但高低上下之別全在個人決定，經個人所覺察到的缺陷或弱點，成為個人所要克服的困難，從而導致出個人的理想，是為最後的目的。每個人的目的由其獨特的卑弱感而決定；每個人的理想遂成為一種獨特的目的，但自己並不完全知覺自己的目的，其未被知覺的部份是下意識，但卻是指導自己努力的方向。目的是在幼年時期即已決定的，而一經決定之後，便始終不變，成為本身一致的人格結構，表現於個人生活方式中，個人人格之獨特性由於此，了解人格的關鍵亦在此。

　　個人人格中所包括的並非僅是自我的單純部份，而是有與其環境間關聯的部份。因為個人的自卑，除生理造型方面的缺陷或弱點以外，尚有在環境中顯得渺小的部分，故而在力爭上游中，不但要改進自己，也要改進環境，在雙方的改善中，方能表現自我已有優越的成就，所以社會的因素，原已存在於天賦之中，只是發展須在社會中見到成果，於是艾德洛加強了人格中社會的因素，是為社會興趣或社會感。對於個人最後目的的形成以及爭取優越的力量，社會興趣有其不容忽視的貢獻，在艾德洛看來，人格整體與社會因素不可分，個人乃是社會化的動物。

　　艾德洛對於人格中的社會因素，所取的是極為樂觀的看法。他相信個人可以把社會目的做為自己的目的，社會發展做為自己的發展。社會現象固然足以產生個人的自卑感，而自卑感正是導出爭取優越力量的原因之一，這影響是有利而無害的。他和弗洛伊德相反，以為社會可以助長人格的發展，而非造成人格中矛盾的因素，社會可以為個人導致滿意而非對本能的抑制，絕不似弗洛伊德將社會制約看做有害心理健康的因素。這或者與艾氏個人對社會的態度有關，他的興趣常在社會方面而不單獨集中於自身，雖然對社會與人格的影響，過份樂觀，但由此而賦予社會在人格中的地位，實是值得稱道的觀點。因為人格確是在社會中表現的，而人格的形成，也包括了大量的社會因素，若將人格視為孤立於社會之外的產物，不免忽視了人格的重要成分。

　　自艾德洛看來，人類天賦的生理缺陷是人格發展的出發點。在大自然中，人既不是全能的，又不是完美的，所以在生活中常常遭遇困難，對這種事實的覺察引起人的卑微感，於是希望優越，企圖完美，那個優越和完美的境界是自己創造出來的，所以只是一種想像，想像著未來的美好，使個人著眼於前途而不戚戚於過去，人格發展是沿著向上的路程進行的，結果在個人方面從卑微而超越，在社會方面遂日新又新。社會的改進成為個人目的之一，一方面由於個人原有的社會潛能，從出生後

與母親的接觸開始，便繼續發展；一方面由於個人的需要，幼兒無以獨自生長，成人也必須在社會合作下達到個人理想的目的。而且雖然由於人類的力爭上游，已將原有的不利的環境改善至相當程度，但每一時期的社會，對該時期的人說來仍然不是最完美的，因而向上的力量便永遠繼續。

從個人所努力的方向上，表現出人格的特性，個人的目的是自己創造的，因而可以說個人的人格也是自己創造的，於是艾德洛承認了創造的自我和人格中的創造力。人格是各個人自己的產品，具有極強的個人性，即艾德洛所謂之獨特性，所以艾氏的個別心理學，乃是主觀的深度心理學，要了解某一人格，必須從其人格整體著手，無法從目的、動力、或是生活方式的任一部份能完成了解人格的任務，這和弗洛伊德的從性的需要了解人格完全不同。

艾德洛的個別心理學，不能稱為完全的人格心理學說，但其重視社會因素與爭取優越的動力，卻對人格學說有極大的貢獻。個人生活在社會中，且時時與社會接觸，為了解人格，必須把社會因素與個人因素置於同等地位，必要時予社會因素以較多的重量，方不失為公正的立場。

參考書目

A. Adler: *Practice and Theory of Individual Psychology*, Harcourt, N.Y., 1927.

　　: *The Fundamental Views of Individual Psychology*, Int. J. Indiv. Psychology, 1935, 1, 5–8.

　　: *Social Interest*, Putnam, 1939.

H. L. Ansbacher & R. Rowena: *The Individual Psychology of Alfred Adler*, Basic Books, N.Y., 1956.

第四章　容格的分析說 *

　　容格(Carl Gustav Jung, 1857–1961)是瑞士人，出身於篤信宗教的家庭（父親本身及母親的先代都是傳教士）。 幼年即對生物、動物、以及古生物的學習極有興趣，奠定了後來習醫的基礎；又在學習中受到希臘和法國哲學家思想的影響，加上弗洛伊德心理分析學說的出現，使容格將神秘主義的成分融入於自然科學和人文科學之中，而致力於心理病學的研究與闡釋。初時曾參加弗洛伊德心理分析討論會，因感到弗氏的論點仍然有欠完滿之處，於是退出討論會，以獨自的見解講學於歐洲國家及美國，建立了其獨樹一幟的分析心理學(Analytical Psychology)。以討論人格結構、人格發展、及心理病癥為主。

　　容格的人格心理學說，雖然採用了若干弗洛伊德所用的名詞，卻有其獨自的概念。就容格所說的人格結構來說，包括自我(The Ego)，面具或角色(The Persona)，非意識(The Unconscious)❶，和「我」(The Self，以下將譯為「統我」)，然而在解釋上和弗氏卻有極多的不同之處。以是容格所說的人格結構，看起來似乎含著「意識」和「非意識」兩大系統，實際上非意識系統才是最主要的部分；也由於這個看法，容格認為尋找非意識的部分，是人格動力和發展的關鍵，發展的完滿與否，就在於對非意識部分發掘的多少上。所以容格對人格的看法中，包括了全部人類

---

❶ unconscious本是形容詞，在弗洛伊德的譯述中，多譯為「下意識」，因此不免與subconscious常常混淆不清。容格的The unconscious是以形容詞而作名詞式用，指為不在意識之中的材料，故譯為「非意識」，可簡稱「非識」。

文化和社會演進的背景與歷程，因為人在對自己的認識方面，要把非意識的變成意識，才能認識的完全，才能形成完滿的人格，而趨向於自我實現。以下即就其人格結構的主要部分，擇要闡述。

一、非意識

在容格的論述之中，相當重視人格中的「非識系統」， 另外雖然含有意識的部分，在成分和重量上，似乎都不及非意識系統重要，所以可以先從這個重要的系統來看。

首先且對於「非識」這個名詞的意義加以了解。照容格的說法，非識是心理 (psyche) 的臨界觀念，包括一切不在意識之內的心理內容和心理歷程。所謂不在意識之內，包括「所不知道的材料」、「所不曾知覺的心理狀況」，和「所不明白的心理功能」。

所不知道的原來可能本是知道的，也就是說，非識可能原本是屬於意識，只是由於某些原因而降落到非識的層次，變成不知道的部分。例如由生理因素而致的「遺忘」——是由於時間長久而不能記憶；或者由心理因素而生的「壓抑」——把不願意記得的排除於記憶之外，以致原本在意識中的材料從意識中消失，進入於非識之中。

非識分為「個人的」和「累積的」， 兩者有層次的差別，而以累積的非識所占的成分最多，也更為重要。

累積的非識(The collective unconscious)不屬於自己，乃是累積而來的，也可以說是繼承世代遺傳而得，那便有了相當長久的歷史，可一直追溯到人類的原始；以及從有人類以來，歷代祖先的精神——包括社會和文化成分。因為經過了如此長久的時間和歷程，必然會變成隱晦、模糊、若隱若現、以至毫無知覺的狀況，而沉積在最底下，或是最深的層次中。

然而這一部分卻是人的根本，也就是人格的最基本的成分。就「一

個人」來說，固然可以從血緣關係上去層遞追溯到先祖的一切；然而對
「所有的個人」來說，便是整個人類文化的全部遺傳和生活事跡。所以
不但是基本的，也是普徧的，普徧的含在每個人的人格之中。如是累積
的非識便是各地方，各個人都相同的行為內容和行為方式，因為這本是
現代人的「遠祖」的共同心理基質。於是所有的原始本能、思想方式、
和情感都累積了下來，共同的了解、發現，和傳說使累積的得以出現。

　　累積的實現，得力於人的摹做。在社會中，在群居生活中，都少不
了摹做作用。因為摹做有啟示性，又有心理的傳染作用。一個人摹做某
一個人的比較「凸出」的動作，而成為和那個人的「相似」之處；如果
摹做的人數增多，這個「凸出」之處便「傳流」開來，可能成為累積的
一項，成為比較明顯的部分。

　　就在這樣的摹做之中，也可能使一個人的摹做和摹做的心態，陷入
「不自知」的狀況，同時也使得這個人對於自己和切近環境的意識作用，
由於被非識所牽掣而陷於停滯；這就是說，個人的意識作用陷於膠著狀
態──膠著於不自知的摹做，無暇顧及到自己的分化，（自己和所摹做
的人混淆，失去了真正的自己。）以致表現不出自己獨有的「凸出」部
分，等於是阻礙了自己的創造表現。

二、原型

　　於是由累積的非識，容格說出了他所重視的原型(The Archetypes)。

　　所謂原型是人類最早的先祖的基質，首先見於約德 (Philo Judaeus)
所說的「神的意象」，是指「人的根原」；另外則又有艾倫諾(Irenaeus)所
說的：「創世主並不曾直接照著自己來塑造萬物，而是照著本身以外的
原型做造的。」照約德的說法，在人類先祖的精神中，便包含著神的意
象，也見出人對於神的欽慕。依艾倫諾的說法，指人的基質不在神的本

身，而是在神之外，但仍然出自於神的「手」才成的，那麼除了欽慕神的工作（雖然是摹做，而不是創造。）之外，可能還會牽掛到那存有的原型。無論如何，這些都成為人類早期的象徵性的形象，然後經過世代傳流，成為傳統意識的形式，而繼續傳流下來。這種累積的內容之傳流，並不是意識活動，而是「非意識的」，是為象徵性的形象。因此對於原型的了解，便無法從內容上著手——內容只保留了象徵性的形式，而且成了非識的觀念，所以便只好從「形式」，同時是從有限的形式上來看。

由內容而變成形式，彷彿水晶體的結構一般，中間是透明的，看不到「物質成分」，然後變成意識，成為意識經驗的材料，其「用感官看不見」的部分，正如非識內容在意識裡找不到確切的東西一樣，猶如可以把「水晶當作是真空」。這可以說明非識內容在意識層次裡之「似有還無」和「難以名狀」的狀況。

在名稱上，容格說出了四種原型，即是母親、再生、精神、和魔術師。這四種原型的呈現，除了象徵性的形式以外，還見於精神和夢中。

「母親」原型的呈現，有數不清的方式，比較明顯的，在人類方面見於許多人和人的關係：母系的血緣關係者，如母親、祖母；形象與功能關係者，如繼母、護士、教師。這些實際上的人，對一個人來說，在意象中便彷彿是「女神」或「聖母」。所代表的是由哺育而表現的慈愛，可變動的有機情感，和幽冥深邃。

「再生」的方式頗多，靈魂轉世，人之轉世投胎，再世為人，「死而復生」，和重生都是；另一種方式便是參與改變的歷程。這最後的一種方式，見於人的兩種經驗之中：其一是由祭典等儀式而生的生命之超越或生命的先在而生的，在祭典中，「敬神如神在」一則顯示出生命之延續，「如神在」的「如」字，便含著「永生」的意義；一則由「敬神」的「敬」中體會「永生」，由此而印證到本身「成神」或「永生」的可能性，恍如自己就是那「永生」的神一般。其二是在切近的經驗之中，

所感受到的生命的改變或是新生，恍如死而復甦的一般。

　　在精神的原型裡，容格對「精神」這個名詞作了一番解釋，以便了解所指的意義。首先，從反面來說，精神和物質相反，既不是物質的本質，也不是物質的形式，而是和物質完全不同的，只能說，最高而普偏的精神是「神」。其次，精神是超越自然，或者是和自然相反的。若從正面來說，精神相當於「心理」❷。也可以說是理性思想的總和，即是「心智」(intellect)，其中包括意志、記憶、想像、創造力、和由觀念所引起的期望。也可以說是某些態度或是隱含的原則。若把精神看作是隱含的原則，便是一種動力原則，是要藉內省才可能知覺的意象和影像，靠著思想和理解而構成想像世界。這種動力原則的證明，可以從人的自發活動上，從人能夠操縱自己的想像上，以及人能夠自行生出想像而知。這些心理現象，也就是精神，因此從生命方面說，精神生命是超越自然生命的，精神會出現在一個人的夢境中。

　　「魔術師」的原型含著相當複雜的性質，從一方面說，是愉悅的，彷彿是一個「妙趣橫生的製造者」；超乎其上的是「神性」。從另一方面說，又有狡詐和惡作劇的性質，則類似魔鬼。印證到實際上來，不但是變化萬端，而且可能成為兩個極端的傾向，粉飾成「可喜的一面」；或者演變成「可怕以至可恨的一面」。

　　這些原型保留在累積的非識裡，使得累積的非識就如一座貯藏隱晦的記憶的倉庫，從人類的祖先經過世代的綿延而傳流了下來，每一代都彷彿在重複前代的經驗；每一代也有增加的部分，如此累積了下來，其中所包括的，不僅只是從人類超越萬物，成為特別優秀的一類的歷史，並且還有在人類進化之前，「與動物無殊」時代的基本性質。這些基質，當一個人降生的時候，便已存在，成為命定的意象。而人在實際的世界中，也可以從事物上去認定這些意象，使之成為具體的知覺或觀念。由

❷　容格所說的「精神」，英文字是Spirit；所說的「心理」，便是psyche。

此而見出累積的非識，是整個人格結構中遺傳的、種族的基礎。

　　前述的四種原型的形式，在人格結構裡，容格又提出了另外的幾個名詞，為「角色」、「元后」與「偉人」，和「陰影」。

　　「角色」(The Persons)本義是「面具」，是人在社會的要求下依照習俗、傳統，和個人內在原型的需要而扮演的，等於是社會指定他要充當這樣的一個角色。對這個人來說，如同在別人面前戴上了一個面具，所顯露的並不是他真正的本來面目。所以如此的目的，是要給別人製造一個確定的印象，即使並不是必須的，也要把真實的自己或多或少的隱藏一部分。如是角色便成了「公開的人格」，是一個人在「世界舞臺」上所表現的，是公眾的意見緊緊的拴住了這個人。而這種公開的表現，和他那個在「暗室屋漏中的人格」，恰恰相反。

　　角色發展的核心就是一種原型。和其他的原型一樣，是來自於種族的經驗。從這一方面來說，這類經驗裡包括社會的交互作用；而在這些交互作用中，對於人之須要群居來說，成為一個社會角色便有了很大的效用。如果這項角色扮演始終停留在非識層次，也就是說，如果這個扮演者並不知道他是在表演，不知道他所裝扮的和真實的自己有差別，他便會變成一個機動性的人，而無法有一個統整的人格。

　　「元后」(The Anima)所指的是男性中所含的女性原型；也是容格一再強調的「母親」意象。是由於追本求原的精神，在實際上是「生我者」（母親），在觀念或精神中則是追尋人類最初的根原。對於這一點，容格除了引述基督教對聖母的崇敬，並且說到如我國所說的「陰陽化合而生物」，那麼陽性中在根本上就是含著陰性的❸。所以男性在不知不覺之

---

❸　容格對於中國哲學和印度佛學都有相當研究，所以在非識的闡述中包括了這些哲學的成分。可能容格未能知道我國《易經》中有「為天地作元后」這句話，否則加入他的闡釋中將更為生色，這也是作者所以把「男中女性」這個字譯為元后的原因之一。

中，對女性有崇敬、依戀、欽慕等的傾向。這種心理，是心情、衝動、反應等在生活中先在自發的元素，能夠自發自動並自生；雖然不能完全與意識合而為一，卻可以引起意識，而成為心情(moods)。

在各種精神文化中，母性精神和文化精神都是最重要的。其精神表現，便是祭典中慰安亡靈的形式。而在高度文化中，如中國，便成為道德和教育機構。（從這一點上，可見容格了解我國的文化精神重點在於道德，見於實際中的重視倫理的慎終追遠的精神。）

這種原型表現在人類實際中的，是兒童期對母親的愛戀和依賴；待到年歲漸長，依戀之情逐漸被排除於意識之外，甚至把母親當作是反對的對象。可是原型仍然存在於非識之中，而將對象轉移到其他的人上去：青年時期對女性的追求，直到結婚後把妻子視為母親的替身。一個妻子對於丈夫，常常能夠提供其所見不到或想不到的意見，表面上是所謂之「賢內助」，心理上正是非識中「女性」部分的呈現，使人格中隱晦的一面變成明顯，男性人格有了趨於統整的可能。

然而男性本身卻不知道這項道理，甚至在某些文化中，男性以有「女性趨向」為「恥」，而生出了對本身之女性成分的壓抑作用，使其陷入於非識的層次裡。不過這樣做起來，始終不能把隱含的柔弱情態完全掩飾住，在無意之間，還會有一個女性的偶像存在，這偶像便可能與非識中的脆弱部分相結合。在實際上所見的某些外表剛強的男性，常常內在裡由女性的弱點所補償。為人所知的「大英雄」，私下裡往往被妻子踏在腳下；對別人蠻橫暴戾的男子在妻子面前往往乃是一個懦夫。

「偉人」(The Animus)是女性中所含的男性原型。是原來在意識中「保衛者」的形象。本是由「意見」而引起的。或者可以說，在最原始的時候，人類的祖先可能意識到自己的脆弱，而希望有一個至大至剛的「形象」為保護者和支持者。是最初的「神象」(God Image)，導引出意志，成為普偏的道理、正義、和理性的綜合體。

　　許多文化都認為男性有理智和剛強的特徵。或者由於這些文化的形式，多數是由男性建立的，（中西相同，知識的探討多半是男性的事。）在這些傳統中都認為「陽剛陰柔」，容格似乎也受到這種影響。以一個男性來說，對於生他的人——母親——自然不能忘懷，雖然成年後轉移目標，成為依戀妻子，然而仍舊是用看女性的眼光來看女人，無論如何，不會把女性看成和「自己」——男性——是完全相同的人，所以對於女中男性的闡釋，就如我國，「陽」的部分比「陰」的部分在比率上多得多。這是否是男性獨有的一種非識原型，可能要待女性心理學家從本身上去體驗；例如女性在表面上常常須要男性的保護和理智的指引，而在某些事例中，女性的堅毅和持久卻超過了男性。

　　「陰影」(The shadow)是知覺中的陰暗面，也就是所不知覺的部分。其為一種非識的原型，在容格看來，乃是人類在進化歷程中，最早的動物性，特別是動物性之最基本的部分，即是「本能」。人類繼承了動物性的本能，是為一種原型。對於這一點，容格採用了基督教哲學觀點，指說是人的「原罪」。照基督教的說法，原罪是人類的祖先——亞當和夏娃——聽從了一種動物（蛇）的誘導而作出了罪行，違背了神的命令。在這個說法裡可以領會到在人的根原處是動物性，而動物性的基本本能便是吃（所以偷吃了蘋果），和性（亞當夏娃生出性別意識和行為）。由於這樣的結果，人類的始祖失去了本有的快樂，淪入於「不快樂」的境地，且陷入於罪惡的淵藪，所以很自然的被壓抑到非識裡去；加以年代久遠，成為最陰暗的部分。

　　另一方面，這一部分原型，可能在人格結構中比前述的原型更為重要，因為仍然普徧的存在於每一個人，而且受到更多文化的壓抑作用。以致於事實上人在公眾面前把本能作了相當限度的偽飾——依文化類型而修飾出不同的表現，在私下裡卻不免於受本能的驅使，依照本能的衝動而行為，然後再去忍受事後的罪惡感，或是予以曲解。

容格特別重視這一部分非識，要人特別加以探討。如果把他的意思說明白一點，並不是要人順應本能的衝動，「不以本能衝動為恥」❹，而是要了解人之動物性本能的真正性質。作者以為參照我國的哲學觀點，可能會認為食和性兩種動物性的本能，前者在於維持個體生命的存在，後者在於延續種族生命。這樣解釋，照生物性法則說，便不是罪惡；而且有其必然的限度——吃是為滿足饑餓的需要，是為了活下去；性是為了綿延下一代，以保持族類不致滅絕。而不是任由衝動驅使，「恣意」的去作。照這樣解釋去作，便不必用理性的責備，也就沒有在意識中壓抑的必要了。那麼就可以說容格所說的陰影，可以成為人明白知覺的部分，端在於人是否能夠達到明白知覺的境地罷了。

上述的原型，是人格結構中隱晦的部分，也是人格最重要的部分，必須待這隱晦的變成清楚而明白，人格結構才有統整的可能。

在累積的非識上層的，是個人的非識 (The personal unconscious)。這一部分非識，原本在意識之內，所以其內容原本是意識之中的材料，是自己曾經知道的。由於時間過久而遺忘，由於在意識中不占重要地位而被忽略，或者由於是不愉快的而被壓抑，才落到非識層次裡。這些本是個人自己的直接經驗，一則本來就是真實的；一則不似累積的非識那麼年代久遠，所以存在於非識系統的上層，因而還有變為意識的可能。到了變為意識，便成為所能知覺的了。因而個人的非識和自我(The Ego)

❹　在進步的文化顯型中，對於性本能的抑制，成了道德規範的一項。雖然在私下裡有不能抑制的行為出現，在公眾面前卻羞於承認或說道。某些以心理衛生為出發點的學者，如麥斯樓研究的「自我實現者」，即是能夠承認本能衝動者，麥氏認為是心理健康的一個條件。近來流行的所謂「性開放」可能受到了這個啟示。這樣的問題，不能完全從生理、心理，或社會的任何一方面著眼，可能需要就著人類文化作整體的探討，因為一個「現代人」是不能退回到原始社會去，再去從事原始的生活的。

之間，有一條可來可往的通路。

　　例如存在於個人非識中的情感、思想、知覺、記憶等，便可能組合在一起而成為一個「情節」(Complex)或是「結」。 這個結有一個核心。核心有一種磁力，因種種經驗而衝激到「結」上。像「母親情結」(The mother complex)就是由種族經驗和兒童實際的母子經驗而來。和母親有關的觀念、情感、記憶等作用到核心上，會成為一個情結。核心的力量越強，便越能彙集更多的經驗。於是受母親控制的人格，便是一個有母親情結的人：他的思想、情感，和動作都受著母親的影響。母親的言行便是他的指標，也最為重要。情結可能表現得就如自主的人格，有其本身的心理和機動的部分，也可能表現一種特殊的人格。這個核心以及與其相關聯的元素在某些時候是非意識的，可是在某些時候，那些相關聯的元素以至核心也可能變成意識。

　　非識是人格結構之重要部分，少了這一部分，人格便難於統整。此外容格認為非識有創造作用，在知與不知之間。容格引述瑞士煉金家和醫師派瑞塞斯(Philippus A. Paracelsus, 1493–1541)的故事，以為人有神性(numen)和流光(lumen)。神性神光，透過光流使光的微粒具於人性之中，少了這二者便不能成其為人。然而人卻在意識中失去了這二者，即是基督教所說的，人類的始祖亞當和夏娃所失去了的神性，容格稱之為「半識」(The quasi-consciousness)。意識、半識，和非識在人格中就如多個發光體混合雜糅後從非識的黑暗狀態得到靈光的啟示，光輝閃耀而成為靈感；這靈感可以進而成為創造。如同心靈內在直覺，或者像是夢幻，像是黑夜的星光或燈火，可以照耀，也可能消失無蹤。照耀是創造的基因；消失無蹤便是沉入到了非識的層次。

　　容格對半識的闡釋並不多，卻可以和他一再提到的「智叟」(The wise old men)來印證。這可能是容格心目中各種原型的總彙或代表，用來作人格的「最高」指引。

　　容格本就認為累積非識的原型中，是歷代祖先精神的累積，依此向
上推溯，第一、可以推到最早的先祖，便是人類的「第一對」夫妻，也
就是基督教所說的亞當和夏娃。第二、照基督教的說法，亞當和夏娃並
不是「先在」的，而是上帝塑造的，所以亞當和夏娃含著「神性」，但
是亞當和夏娃在衍生下一代的時候，失去了這一部分神性，這是累積非
識之最深層，最模糊的部分。然而神性不會就此被人淹沒下去，因為人
本身就時時刻刻在企圖挖掘這一部分，而成為傳統中的神話；另一方面，
那一部分神性和神光，也會「自動」閃現，就是意識中突然而來的靈感，
由此使人可能得到一些覺知，待到實現為某種成就的時候，便成為人的
創造，宛如神創造人的先祖一樣。這個根原，是人對神的意象；在人意
識之中，便猶如一位智慧的老人，以他的靈光予人啟示和指引，成為智
慧的象徵。

　　到了這個地步，容格要從人格裡探究的，一則接近我國所說的「天
人一原」，原自於「陰陽化合的『道』」；一則和佛學中唯識宗所說的「八
識」❺ 近似。了悟到人生最根本、最久遠的起點，是「透徹的知識」或
是「悟道」的境界，就如在人格中得到了統整，進入於容格所說的「統
我」的地步。

三、統我

　　由是容格所說的統我(The Self)，便要從他的命意上去了解。統我包

---

❺　八識是：前五識為「眼、耳、鼻、舌、身」，屬於感覺；第六識為「意識」；
　　第七識稱「末那識」，又稱「我見識」，是由前六識所生的波，也就是由感
　　覺和意識所生的「意念」；第八識稱「阿賴耶識」，又稱「藏識」，最為深
　　刻，能「識」到這一層，等於是悟解到「萬物之本」，可以達到與宇宙統
　　合為一的境界。

括意識和非識，是心靈總和的主體，也是一個人的理想總體，是心理現象的全部，也是容格所認為的人格整體。含著有個人所曾經驗和未曾經驗的兩部分。所曾經驗的在意識之中，即使容或有遺忘，也很可能重行「記起」，再進入意識之中。而那未曾親身經驗的部分，藉神話式的傳流，可能出現於夢境，要這一部分填補了意識中的「空白」或「陰暗面」，使其全部成為明顯的，才會有完整而健全的人格。

四、評述

統括容格對人格中非識系統的闡釋，有兩點最為重要。第一、人是有意識的，而且有求自我意識的傾向，說得明白些，就是要了解自己。然而這個自己所含有的，除了「此時此地」自己所知道的，有關自己的部分以外，還有著從有人類以來歷代祖先的部分；更含著人類「最原始的」部分。這些部分卻很難明白的一一指出。這就是容格所認為的人格中之隱晦而又重要的部分。這一番推究，在企求人格統整的說法之外，也可以說乃是「人性」的探討。

第二、人類由於自己的作為，甚至在「求知」的活動中，把自己真正重要而珍貴的部分（原型）失去了；甚至只注意求知活動，反而忘記了自己「正是活動者」。這樣一來，就很難知道全部的自己；也可能把自知的距離，拉得越來越遠，即以「對人的研究」來說，人似乎變成了「一種毫無理性的資料」，「具體的人」被拋開，所指陳的往往是「不真實的理想」或者「普通人」；不但「研究者」——人——不見了，人的「精神」（包括被研究者）也失去了。這情形之出現於社會方面，只注意「生活」而不談「生活的『人』」，可能犯了同樣的錯誤。

＊本章刊載於《師大教育研究所集刊》第二十五輯，民七二。

參考書目

Carl G. Jung: *Analytical Psychology, Its Theory and Practice*; Vintage Books, N.Y., 1968.

　　　　:*Four Archetypes, Trans*: R. F. C. Hull; Princeton U. Press, N.J., 1969.

　　　　:*The Undiscovered Self, Little*, Brown Co N.Y., 1958.

　　　　:*Symbols of Transformation*, Princeton U. Press, N.J., 1956.

　　　　:*Dreams*, Princeton U. Press, N.J., 1974.

　　　　:*The Spirit in Man, Art, and Literature*, Princeton U. Press, N.J., 1966.

第五章　艾瑞克森的同體與生命週期說

艾瑞克森(Erik H. Erikson 1902-1994)出生於德國，幼年喪父，隨母再嫁，曾從繼父姓，後來才恢復本姓，所受學校教育年限不多，靠自修在心理醫療機構工作。後移民美國，在心理醫療方面極有成就。其心理醫療工作仍以弗洛伊德人格學說為宗，但另提出在人格發展的過程中，從出生以後，有階段性的轉捩點。每個階段都有側重的發展任務，影響到青年期自我認定或產生認定混淆，所以青年期的轉變特別明顯，然而卻和前此每個階段的發展狀況有關。艾氏的觀點使其在心理醫療之外，並在人類發展方面提出了卓見，曾獲得美國普立茲獎及著作獎；任職於哈佛心理診療所、耶魯人類關係所、加州大學兒童福利所等處。

一、自我同體即是肯定自己

艾瑞克森所說的生命週期是把人生歷程分為八個階段，每個階段都有明顯的發展重點或需要；同時每個階段也是一個轉捩點，以發展重點或需要之滿足程度，決定趨向「正常」發展或是陷入於「混淆」之中。在其說法中，有兩個名詞須要先解釋一下，一個是「同體」；一個是「轉捩點」。

「同體」的英文字是identity，意指「相同」或「同一個」。如艾瑞克森用在「人格同體」時，是一個人所「認定的自己的狀況或品格」，用語言說明時，應該是說：「『這』就是我」或「我就是『這樣』的一個人」的狀況；宛如把所「認定」的狀況「放在自己身上」、或是「與自己合

而為一」的一般；是心中所認識的自己，同時確定自己「就是這樣」。因為「同體」這個字的中譯沿用已久，此處引用下來。但同時應該知道，在其他情境中，用「同體」往往失之不夠明確，例如證明一個人就是「某某」時，若用同體，不但顯得曖昧，也有些可笑，不如直接了當的說「驗明『正身』」、確定是「唯一無二的某某」，將明白正確的多。因此用identity這個字時，事實上含有英文動詞identify（認定）的作用，同時和動名詞identification常常相關。

「轉捩點」的英文字是crisis。這個字在英文中常常指「危機」。艾瑞克森自己說明：「從每個階段進入另一個階段，在整體的迅速改變中，都是一個潛在的『轉捩點』。所以用crisis指陳『發展』，是一個『轉變』、而不是災禍的威脅。」❶於是由轉捩點的命義，可以了解在「這個點」上，會有趨向不同方向的可能。

由以上兩個主要名詞概念引申，處在認定同體的轉捩點時，無論在認識方面，或在決定方面，可能會有惶惑或矛盾衝突的存在，猶如面臨「歧路」，不知何去何從，而感到困擾的狀況。而這種狀況，是一種「內外夾攻」的情勢，需要有「內在的合一感」，以便做「正確的判斷」，產生「正確的作為」，還要有「自己的標準」以及自己「認為重要的標準」。

所謂正確的作為，艾瑞克森說一個人「認為重要的」，關係著文化相對論，一則是指一個人從文化中獲得的，一則是指學得新技巧和新知識，不只是「照本宣科」，而是能使自己不陷入神經質或深刻的矛盾中。就是自己「要有定見」，或者說是「有自己的主張」。這裡要注意的是「自己認為的」或是「自己的主張」，並不是出於自己的「一廂情願」或「衝動」，而是以得自文化承傳和自己的「知能」融會出來的。這樣的定見或主張，固然出自於本身，卻仍然有所本，有「累積的文化規範」為依據，也就是說，在「主觀的意向」之外，含著「客觀的標準」，可以「肯定」

❶　Erik H. Erikson: *Identity: Youth and Crisis*, 1968, Norton & Company, p. 96.

自己的見解或主張有「所本」，而免去「疑慮」或「游移不定」。從而對於自己的作為，有「相當的信心」，成為「自我肯定」的堅實基礎。

　　「自我肯定」是一個人確定自己存在的基礎。站在這個立腳點上，首先確定了「我是在這兒」。再進一步，才能確定「我就是我」。後一個「我」字須要一些「狀況」來指實，才不致落入「虛無飄渺」之中，如是前一個「我」字才會有「踏實」的感覺，才會相信「我『真』是在這兒」。

　　那麼如何確定這後一個「我」的狀況，則要根據一個人從出生以後，環境和在生活中的學習狀況而定。如果環境和生活中的學習，有益於「我」的存在和發展與肯定，「我」便可以正常的逐步發展下去，使「我」不再是一個「虛幻」的、捉摸不定的影子，而是明顯且具體又有內容的「形象」。這個形象與自己「合而為一」，使自己滿意而信心十足，可以發展成健全人格。倘若事實相反，環境和生活中的學習常常使自己恐懼、懷疑、踟躕不安、感到自己彷彿一無是處，使自己不但不知道何去何從，甚至不知道「自己是『誰』」，將是一種十分危險的狀況。文學中常常把人生比喻為一股「洪流」，　一個人在洪流中迴旋，猶如一粒沙子，是說人不得不「適應」人生，但是人雖然不免於逐流揚波，卻不能完全處於無知被動的境地，因為每個人都想知道自己在萬丈紅塵中所占的位置，更需要知道自己究竟是怎樣的「面貌」。如果不先知道自己，確定自己，一味的逐流揚波下去，是無法忍受的，也更無法明白的生活下去。

　　人格由發展到形成最需要的是具備主宰環境的能力，艾瑞克森引伽哈德(M. Johada)對健全人格的定義，便是如此。即是說人之異於禽獸，區別是人並不只服膺自然律的決定，只在所生活的環境中自然的消長，人是要適應環境，同時也有改造環境的能力，尤其是用什麼方式適應環境，自己具有選擇的能力。於是健全的人格是一個確實的統合體，在適應環境的過程中，須要正確的「認識」自己和所生存的世界，那麼從幼

年開始，就要致力於認知和社會兩方面的發展。在認知方面，外在的是認識世界，內在的則是自己，並且使所認識的內在自己，是一個統合體，而不是零散的片斷。至於內在和外在的聯接，固然是社會的，但也千頭萬緒，因為內在和外在不只是聯結而已，幼年期所受外在的影響，足以左右內在的統合或分離，是人格發展的關鍵。是由於人類的幼稚期相當長，必須藉外在的養育才能生長發展，而所生長發展的，在生物性的軀體之外，便是人格。當一個人確定自己存在，對自己的存在滿意，且又知道將何去何從時，可以說人格發展已經成形，而且屬於健康狀況。

人格發展之社會方面的助力，在於一個人能夠從社會方面得到佐證、證實自己的存在，而且自己就是自己。「證實自己就是自己」的社會涵意是說：這樣的一個人（自己），和社會規範沒有嚴重的矛盾或衝突；換句話說，別人和「自己」大致相同，「肯定」這個人的「形象」與社會相符合，於是更增加了「自我肯定」的程度。這樣說的主旨是：自我肯定是基礎，也是骨幹；社會肯定是輔助，可以加強自我肯定之無誤。然而卻不能反過來，先要求社會肯定，然後用來肯定自己，這樣先已失去了自己的主宰作用，自我肯定便很難完成了。

二、生命週期與人格轉捩點

艾瑞克森用生理的新生原則為例印證人格的發展。依生理的新生原則說，任何生成物都有一個「始基」，由此生出部分；每個部分都有生長的時間和優勢，到各個部分都生成而形成一個有功能的整體。但是在每個部分生長優勢的另一面，同時也有萎縮的危機。也就是說，在生長的過程中，並非全然的必定達到成熟，也可能成為「苗而成莠」的現象。人格發展的狀況也是如此。依照發展的程序和步調，須要指引方向，須要自行覺悟，更須要和許多重要人物以及機構接觸。艾氏把生命週期圖

示出來，並且指明每個階段都和「別人」有關，而且在每個階段都應該有適當的發展；同時任何一個階段都對下一個階段的轉變有決定性的影響力。艾氏的週期圖說明如下（見下頁）。

艾氏的生命週期圖分八個階段，左列和底面的量尺即指示這八個階段：從嬰兒期開始為第一階段，然後依序為㈡幼兒期、㈢兒童期、㈣學校期、㈤青年期、㈥壯年期、㈦成熟期、㈧老年期。對這八個階段的描述，自下而上、自左而右、縱橫交織，看出發展的方向。從生長的順序看，每個階段都向上一個階段發展；然而每一個階段，因發展的狀況，可能趨向於正常健全或不利的兩種狀況，因而每個階段都是一個轉振點，可能趨向完全不同的途徑。

八個階段雖然涵蓋一個人的一生，青年期卻是轉變的關鍵期。因為如果在青年期認定了自我同體，也就是認定了自己，便會走向自己所認定的方向，一步步的實現自己，故而也可以說，青年期是決定一生的關鍵時刻。

從艾瑞克森圖示的八個階段看，每個階段固然各有發展的重點，卻並非各自孤立，前後互不關照的。事實上恰好相反，猶如艾氏所說的，前一個階段的發展狀況，對後一個階段有相當的影響力。圖中每格上行文字所指的，是發展的正常狀況；而下行文字所指的，則恰好相反。就變數來說，即是每個階段都有成為「正」或「反」的可能，所以他視之為「轉振點」。另一方面，把「正」或「反」兩種狀況依發展歷程聯接起來，則可看出兩種不同的序列：一種是正常的；另一種則是不健全的。因而第一階段的嬰兒期，便成了最基本的開始時期。如果這一期所奠定的是健全的基礎，進入第二期而有正常發展的可能性自然較大，否則便會種下不得正常發展的因子。其餘可以類推。為了明瞭各階段發展的重點，再分別加以說明。

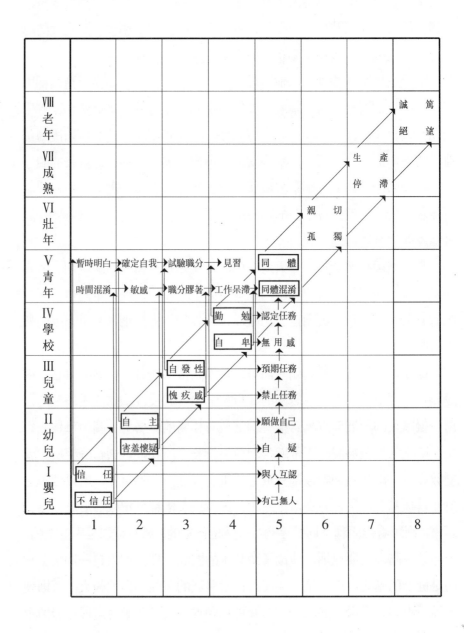

(一)嬰兒期信任感的建立

　　嬰兒期指出生以後一年內最幼稚的時期。此時的嬰兒處於完全無助的狀況，需要依賴成人供應其飢寒之所需，任憑成人「擺布」。　就因為如此，在嬰兒感到迫切的需要，如飢餓、寒冷、潮溼時，如果及時得到食物、溫暖、舒適，習慣以後，便會生出一種「基本的信任」，「確定」有需要時，必會「適時」得到供應。這種「信任」，　不但信任外在環境（主要的是有關的重要人物），同時也信任自己——信任自己感覺的「不錯」，即是「所需要的一定會來」。在實際的例子裡，嬰兒有需要的信號從軀體蠕動到放聲啼哭，如果母親「衡情度理」，　知道嬰兒此時所需要的「是什麼」，　有效的滿足其需要，便會建立嬰兒的信任感：一則信任外在世界中有確定可以信任的人，只要自己有所需，「她」一定會來；一則相信自己值得信任，因為自己的「信號」有效，能引起別人的反應。

　　艾瑞克森秉持心理分析說的主張，相信嬰兒期屬於口腔期，最需要的乳汁從口腔進入而得到滿足。這種「吃進去」的需要和滿足，使嬰兒得到「充實感」，　可能有助於對自我的肯定。待到逐漸生長，除了口腔的需要以外，其他感官，如眼睛搜索物件和光源，耳朵傾聽聲音，都有使之進入自己以充實自己的現象，表現出樂於接受所能接觸到的人或物。

　　前段說到在嬰兒發出需要的信號時，母親要「有效的」反應。所謂「反應有效」即是指必須在「最適當的時間」。　這就是說第一、不能漠視嬰兒的信號，以為那只是「無意義的表示」。有段時期母親們相信「定時哺乳」，　未到預定的哺乳時間，任憑嬰兒啼哭，認為那是嬰兒肺部活動的練習，於是等時間到了再哺乳時，嬰兒反而不肯吃了。艾瑞克森以為這是嬰兒之接受哺乳的意願因遲延而發生了改變，變成擴散的防衛或倦怠，猶如成人飢餓過甚，反而不再想吃東西一般。

　　常見的一種「無效的反應」是母親不能確切的把握嬰兒所需要的東

西，例如一聽到嬰兒的哭聲便先「奉上」奶瓶；在奶瓶擋不住哭聲後，趕快把嬰兒抱起來；直到最後才發現原來是尿布溼得使嬰兒不舒服，待換過以後才止住哭聲。像這種情形固然最後仍可建立嬰兒的信任，但是卻加入了屈折。如果母親在各種嘗試之中，使嬰兒感覺到自己的緊張，無形中也會受到緊張的感染。

嬰兒除了溫飽的需要之外，還可從抱持、嘻笑、逗弄等活動得到愛的滿足。嬰兒後期，開始進食固體食物，在「咬」和「嚼」之中得到滿足，這是口腔期的特徵。再進而凡是能夠把握的，便「緊抓」不放，可能是企圖「據為己有」的開始。故而硬行拿走嬰兒抓握的東西，往往招致嬰兒啼哭。

如果相信嬰兒期「本我」之尋求愉快，則其期望「有求必應」是穩固信任的首要條件。因為有求必應對嬰兒顯示的，是有足資信賴的人就在身邊，自己不是孤立無倚。因此嬰兒最怕「自己被丟下」，最怕「在空蕩蕩的空間內只剩下自己。」因為在這種狀況下，失去了依靠，也無可信任。

由被「空置」而生的口腔症候可能變成「極端貪婪」，心理分析中稱為「口頭虐待狂」。即是由於迫切的需要獲得，不惜應用傷害別人以至傷害自己的手段。但是也有一種樂觀的口腔特性，即是也可學會得到生命中最重要的東西，或是把這樣的東西送給別人。「口腔」可以成為許多正常人發展的基因，人生第一個階段的倚賴性可以保留終生，是終身依賴最有力的支持者。這種情形正常的表現在依賴性和鄉愁方面，見於最得意或最失意的時候。在此後的階段中以至成年，如果口腔期得到統整，可使信任與實在主義聯合在一起。

根據這個觀點，艾瑞克森認為嬰兒期信任感的建立，並不完全在於食物和愛的數量，更重要的是「母子之情」。母親要把供給嬰兒的需要和「悉心照顧」連在一起，才能使嬰兒對母親「確信不疑」。這種信任

將成為同體感的內容，關係著日後生出的「我很好」的感覺，並且相信別人也會如此看待自己。因而為人父母者，不僅在教導方面要有確定的「允許」和「禁止」，並且要讓孩子知道這樣做的深刻意義，而這種意義幾乎就是軀體的判斷。這樣做等於是給兒童奠定文化傳統基礎，將來才能順利的在社會中生活。嬰兒期是一生的開始，不能「以為」嬰兒幼小而掉以輕心，因為「開始」的狀況如何，可能決定一個嬰兒的一生。

(二)幼兒期自主意願的培養

幼兒期是人生的第二階段。在這個階段中，各種生長狀況頗為迅速：包括肌肉、語言、辨別、以及後起的能力。後起的能力指協調各種矛盾的活動，最明顯的是「等一等」和「放下」（或放開），於是兒童經驗到「自動意願」在成人面前和暴力意願並不相同，成人和自己也頗不平等。這就是說成人教幼兒「等一等」或「放開」時，幼兒想做的（意願）乃是「立刻」或「不放」，服從成人的命令，等於自己要有更大的力量征服自己的意願，也就是需要「意志力」，而意志力要一步一步的才能發展出來，幼兒期還缺乏這種力量，屈服和自動意願顯然互相衝突，母親和幼兒常為一些小動作面對這樣的「戰爭」。

艾瑞克森根據心理分析派肛門期的說法，排便習慣的培養使幼兒面對「保留」或「排除」的矛盾。在嬰兒期，大小便不受外力干涉。到了幼兒期，西方社會依文化傳統，要培養定點和定時的習慣。然而通常在幼兒感到要排便時，多半已是刻不容緩，要到「定點」去排洩，便是要「等」，便是要「保留」急須「排除」的，以致意願和控制相矛盾；尤其在「不能等」而沾污了衣服時，成為極為嚴重的「可恥」，是形成日後心理病徵的一個原因。

幼兒期在嘗試自主的過程中，有許多類似「等一等」和「放下」的矛盾現象，也是決定「矛盾對立」的比例時期。例如在愛好善意和固執、

合作和一意孤行、自我表現和自行約束之間。對這些矛盾狀況，須要能控制自己而又不失去自尊，才能形成自由意志的感覺。反之，如果不能自制又被父母限制過嚴時，將無可避免的形成懷疑和可恥的傾向。

自主的生成，必須由前一期的信任感發展。須要在嬰兒期確定了的信任感，不因後來（本期）的強烈願望或主張所破壞；而能夠適當的要求，並且能克制自己的固執。只有父母的堅定不移可以使幼兒面對自己的矛盾和衝動；使幼兒不因自己愚蠢可恥而失去對自己原有的信心；同時避免陷入第二次不信任之中，即是不致懷疑自己，也不致懷疑自己的管束者。

以自己為可恥明顯的見於「害羞」的表現，與之相連的便是「懷疑」。艾瑞克森依心理分析說肛門期的如廁訓練說，如果幼兒因來不及（等不得）走到廁所，而沾污了衣服或地面，根據從訓練者得來的印象，便會自覺可恥。自以為恥可能引起對自己的懷疑、懷疑自己的控制力量，因而形成對自己的游移不定；同時面對別人時，則深怕自己的「可恥事跡」被別人「識破」。害羞本就是膽怯和畏縮的前奏。而由此生出的「懷疑」即是「不能確定自己有無控制的能力」以及「別人對自己的態度」。

艾瑞克森又依據其治療的經驗發現，口腔型人格和肛門型人格有正常的一面；同時也有不正常的誇張之處。如果在日後發展中，統合了補償的特質，某些衝動的表現以至強制作用也可成為有秩序、守時和整潔的習慣。問題在於形式上，是能夠「因事制宜」，還是一味的受制於「規則」。

由於前述的情形，教導幼兒時必須「堅持」和「變通」互用，使幼兒能自己克服其過分的「任性」，發展出一些善意，在重要的事項上學習「服從」，能夠保持「意志的自主」，學習自發自動、心甘情願的做某些活動，同時避免對自己有不必要的羞恥感。父母為幼兒培養自主，須保持幼兒的「尊嚴」和「獨立感」，同時更要表現出父母也有尊嚴和自主性，

父母靠著愛、合作、與堅定不移而生活；但卻也有厭惡和可慮的事件。

　　社會機構對幼兒期自主性的發展同樣具有影響力。社會保障法律和秩序原則，對個人的特權和限制、義務和權力有合理的分配，猶如在日常生活中同時有允許和禁止，二者有正當的分界，父母要依此為幼兒說明，使其了解確實的意義，同時更要做幼兒的典範。不幸的是許多為人父母者，自己在幼年期已經形成期望過高的「個人自主」， 驕傲、和幸運，但在日後生活中，卻遇到自己無法理解的限制，因而大感失望，結果在夫妻之間，不容許對方有自主的機會，同樣的不允許子女自主。幼年失去自主的後遺症，成為毫無道理的不接受限制，不肯控制自己，更不願意「聽別人的話」。

　　因此在幼兒階段，需要特別的關心，主要的在於母親對幼兒，有管教的一面，更有培養其自主的一面，這兩面互相調和，才不致陷入矛盾，才能進入青年期認定自己的積極方向。屆時才能成為真正獨立的人，能夠正確的選擇自己未來的方向，順利的發展下去，相信自己正是自己想要做的那個人。

㈢兒童期和本身角色的準備

　　到了兒童期，已經相信自己是「一個人」了，但是還要找出自己是「怎樣的人」。 此時已經確切不移的認定了父母：有力量，又美麗，有時候也不大講理，不順著自己的意思，甚至還有些可怕。

　　此時期有三種發展的助力：其一是自由活動更多而有力，活動範圍擴大；其二是語言能力大增，會提出層出不窮的問題，但卻只肯聽到十足相反的意義便算滿足；其三是從活動和語言而擴充了想像，往往想到非常可怕的事物。從這些發展的助力，可以生出一種「進取感」(sense of initiative)以為進取和目的的基礎。

　　進取感的基準是在轉捩點上，兒童突然發覺「自己越來越像自己(所

要的那樣)」，有了更多的愛，能夠從容不迫，可以做聰明的判斷，有了新的生活方式，生活活潑而刺激；精力使之迅速的忘記失敗，很快的去追求另一個目標，此時約在整三歲的年齡。

三歲兒童對性別差異相當好奇。男孩在不知不覺中表現「攻擊」的傾向，負疚感也在此時可能發生。由於比較大小和強弱，手足之間可能出現由嫉妒而生的憤怒，於是常常準備著競爭，爭取父母的寵愛，唯恐別人占了先聲，而自認「失利者」難免生出焦慮。

良心是控制進取感最有力的機構。兒童唯恐自己的私心被人發現，卻又聽到了自我觀察、自我指引、和自我懲罰的聲音，於是內在裡分裂出一種新而有力的疏離，是新生道德的基石。不過艾瑞克森以為從人類生命力的觀點說，如果成人過分重視道德，對精神以至道德本身反而有害無益。因為兒童的良心可能只是初步的、殘忍的、以至從權的，對父母的禁止若演變為過分的服從，可能發展成退縮和無盡的忿恨，因為父母自己並未照著教給兒童的良心來行事。生命中最嚴重的矛盾往往因恨父母給自己所樹立的良心範型，日後竟然無法忍受而不得不放棄。因此兒童覺得父母所教的，並不是普徧的善，而只是專制力量，於是超我的可疑和玄虛會使一個講道德的人成為害自己並害別人的潛在危機，而道德也成了辯護和壓制別人的代名詞。

幼兒期的發展轉變，要到許久以後（成年）才表現出來，歇斯底里式的否認或自我抑制，或生活在想像與脆弱的無力感之中；如果加上過分的補償作用，則成為「一往直前」的只求進取，以「未來」為生活的旨趣，完全「無視於現在」。

經過比較各種教導兒童的方式以後，艾瑞克森發現最有益於「同體」發展的方式是用偉人生活故事、使兒童沈浸在民族精神活動中，形成理想的風格，而不是用英雄的「虛玄」形象做神話；尤其要把兒童的遊戲置入家庭之中，使兒童有親身體驗，體驗真實的可能，而沒有矛盾存在，

父子和母女可以成為很好的遊伴，以便將來進入社會生活。

艾瑞克森以為弗洛伊德之所以視奧迪普情結為男性矛盾的核心，就是因為在兒童期遊戲中留下了印象：以所裝扮的角色做為自己最高的目的，用此以投射光榮的過去和完美、可以列入史冊的未來，用屈服於權威以減輕攻擊性進取的負疚感。

進取階段的另一種後果，表現在某些光榮制勝的領導者「背面」，用其不人道的勝利來減輕毫無道理的負疚感和充滿內心的憤怒。艾瑞克森確定說，男性的攻擊念頭決定於進取期，由同體形成的矛盾或混淆而成。

因而進取階段對日後同體發展的有利一面，是允許兒童保持其進取感，並允許兒童在其能力範圍內，以成人的任務為目的，但是卻要穩定的循序漸進，使兒童不必因為可以做自己所想像的人而內疚。當然相反的一面是幼年的理想和青年的實在不符而形成的危險。

(四)學校期和任務的認定

學校期是兒童熱切的希望學習而又學得最快的時期。由能負擔義務和學習及作業得到「長大了」的感覺。此時一反拆毀物件的活動，轉而熱衷於拼合物件，擔任建設性的計畫。此期的兒童喜歡親近別人的教師和父母，注視並摹仿自己能掌握的行業人物，如救火員、警察、園丁、木工以至清潔工。如果住區有許多行業，且又有年齡較大的兒童，無疑的會有多方學習的機會。學齡兒童之入學的，自然能接受學校的文化薰陶；而在文化落後地區的，則是以成人為師，藉口頭傳授，尤其從年長兒童學得的更多，不過所學的多半是簡單的技巧，學習成人所用的工具，而又是兒童能夠操縱的。

當然在文化社會中，人們都有專門職業，因而就先要教兒童識字。而職業分類愈繁，進取的方向也愈多，父母成為兒童典範的角色也就愈加晦澀不明。

然而兒童也需要有單獨遊戲的時間來玩自己「假裝的遊戲」； 但是困在書本、收音機和電視機中間之後，無暇再得到「自己能做東西、又能做得很好」的那種感覺。這種感覺，艾瑞克森特意稱之為「勤勉」。如果沒有這種感覺，最會玩的孩子不久也會爆炸，好像他知道自己是一個發育不全的「親長」，必須要做些工作，必須在成為一個真正的「親長」之前，是一個潛在的供應者。他要由能做些東西得到認可，藉運用工具的規律來調整自己，於是沈潛於生產單位的情境中。

此期的危險是發展出疏離自己和自己的任務，即是熟知的自卑感。這種危險的成因可能由於前期殘留的矛盾未得解決，兒童仍然要依傍著媽媽，不想得到知識；寧願做一個待在家裡的小娃娃，不願做學校裡的大孩子。仍然要和父親相比，而比了以後所生的是負疚感和自卑感。家庭生活不曾替他鋪下進入學校生活的路；學校生活也無以吸引他，無法使他表現出足以和同學相提並論的長處。這就是學校比家庭寬廣的社會所顯示的意義。

得到信任和尊敬的教師知道如何變換工作和遊戲、學習和比賽；知道如何認定特別努力、如何鼓勵特別的才賦；更知道如何忍耐、如何對待一些不以學習為意、反以上學為苦、不把教師放在眼裡的兒童。好家長也需要教導子女信任教師、並選擇值得信賴的教師。因為使兒童發展出積極的認定才是最重要的，這種認定需要有知識而又有作為的人。艾瑞克森說在晤談中，曾多次發現資賦優異者對一位特優教師的認定。

艾瑞克森指出美國兩種小學各有其獨特的作風。一種沿襲傳統，強調兒童以成人為範，必須學習自制，必須建立嚴格的責任感，以執行教師命令要做的事。一種崇尚現代的自然發展，從遊戲中學習，允許兒童做喜歡做的事。第一種可能使兒童發展出無可改變的責任感，完全依賴預定的責任，永遠不知道不必要的自制日後將使自己和別人陷入困擾，同時斲喪了原本想要學習和工作的意願。第二種使兒童失去自己想要做

的興趣，而無所適從。所以艾氏認為本期兒童需要適度的強制學習一些做得到、卻想不到的活動，在活動的成就中感受到自己參與了成人的工作。

當然使兒童學習一些實際任務，也有需要注意的地方，以免妨害同體發展，那就是要避免使兒童認為工作是唯一值得的，放棄了想像和遊戲，一頭栽進工作裡。故而學校期所應該發展的同體感是：「我是一個能夠『學著做』的人。」

從艾瑞克森的觀點看來，明白的說，學校期的兒童需要練習一些實際有用、而又是力所能及的工作，才會感到自己已經長大了，大到可以做一些成人能做的事——任務。本發展階段中兒童本身有「勤於工作」的傾向，用來驗證自己的能力。

(五)青年期的認定同體

艾瑞克森一再申明生命週期的八個階段，在發展自我統體中，各有發展的重點，然而卻有進展的連續性。青年期是認定同體的時期，究竟是否能認定同體，或是發生同體混淆，和前此各階段的發展狀況，有密切關係。

艾瑞克森認為到學校期的最後一段，年輕人正處在生理劇烈發展到性成熟和不能確定的成人角色困擾中，看不清前途，徬徨於別人的看法和自己的感覺之間，不知道如何把自己的過去與目前連接起來以形成最後的同體。如果在嬰兒期的轉變中，建立了信任自己又信任別人的觀念，便會相信自己是值得信任的。如果在幼兒期形成了自己的意志力，便不會自以為恥。如果在兒童期發展了想像力，到青年期便會相信同伴並願意接受領導。如果在學校期實現了「做些東西」而又能「做得很好」的願望，便會承認選擇職業的重要，而不計較報酬和地位。因此有些青年反而不急於工作，不願意被迫進入一種雖然高尚卻不能表現的行業。

　　有才能而又有充分訓練、能在技術中認定自己的能力的，很少表現青年期的風暴現象。否則便會明顯的側重意識型態，從傳統或技術、理想等方面尋找靈感，從同伴和教師等人尋求生活的方式。如果青年認為環境剝奪了他走向下一步的機會，便會不顧一切的反抗，因為他找不到不可或缺的同體感。

　　艾瑞克森提出一個實際的個案為例：佳麗是一個聰明自負的女孩，有口腔期的貪吃習慣，因嫉妒弟弟而表現男性氣概，卻頗具吸引力，成為許多團體活動的領袖和女孩的典範。一年秋季開學時未曾回學院，卻到西部一個牧場擔任照顧初生牛犢的工作，往往要在深夜起來為小牛哺乳，從而在工作上得到滿足，也博得牛郎的贊美，因而相信自己可以做事，感到自己「像一個人」，回家後才恢復正常。這可說是自行治療的一個例子，卻恰好「適逢其會」。

　　和青年期認定同體相反的是「同體混淆」。是由不能掌握自己的生活而起。由前此缺乏自己的民族精神和性別同體感，不能認定自己，以至輟學、離職、通宵在外遊蕩、陷入荒唐且不可理解的心情中。這種情形必須從同體混淆方面來了解和糾正。

　　同體混淆是由於無法認定一種行業，在任何行業中看不到自我同體。在困惑中臨時找一個黨派英雄做自己心目中的「人物」，實際上是完全失去了「個性」。甚至這個時期之所謂的「戀愛」，也完全和兩性生活無關，只不過是把分散的自我意象，放置在另一個人身上，以求得一個同體感而已。另一方面，也可應用破壞性的手段來得到同體感：排斥、暴躁、殘忍的對付異己者，是失去同體感的防衛表現；也是處於生理急劇變化、前途渺茫的短暫心理現象。青年期的同體感中，含著青年特有的熱情和忠誠，同體是寄託熱情和忠誠的對象，青年需要一個能夠使自己認定的對象，做為自己的同體，以安頓激盪的情緒，以表現自己，並且有目的的努力下去。

艾瑞克森最後提出社會機構所表現的意識型態，對青年期的認定作用同樣重要。民主所要顯示給青年的，是他們以自己的能力有參與的機會，以獨立的形式強調自主和勤勉，能夠從事建設性的工作。同時在意識型態中仍然存著貴族意象，在那種想像的世界中，由歷史看出，好人主宰國家，由此又教化出好人。青年人希望看到責任者負起了他們的責任，表現了良好的成就，這種社會系統注入於自己的生命泉源中，成為新生的力量。青年是社會進化歷程中的再生者，他們要把忠誠和力量貢獻出來，無論是貢獻給一個他們認為是真實但卻保守的社會，或是改變一個失去再生力的演變社會。而青年的表現需要各種典範，藝術、創造、甚至從某些日記、傳記中都可找到自己的表率。

(六)認定同體之後

在青年期認定同體之後，艾瑞克森認為第一個轉變是「親密」，是與同體融合或迴旋的一點。兩性只不過是其中的一部分，因為在發展兩性關係之前，須要先有和另一個人建立真誠相對的心理親密感：可能是友誼，可能是萍水相逢，也可能是共同的啟示。青年自己並不知道是把同體從人間親密丟開，還是把自己投擲到並沒有真正融合的親密活動中。

如果青年不能和別人建立起親密的情誼，則在青年後期或成年前期，可能會陷入極深的孤獨感之中；倘若再把情感投置到人類之外的對象上，將會嚴重的落到失去人性的地步。

親密的反面是隔離，無可避免的否定、孤立，必要的時候，會把認為有害於己的人或物予以毀滅，結果是為了保護自己的親密和團結，在熟悉和生疏之間，誇大了些微的差別，用幻想的眼光對待「圈外人」。這種偏見可能暴露在政治和戰爭中，為了忠誠的自我犧牲，以致壯烈者勇於赴死。青年的危機見於同類中的親密、競爭和爭鬥中。但在成人的責任逐漸明顯，彼此的競爭對立、情感聯屬，和殘酷的敵意區分出來，成

為倫理話題，也成為成人的信號時，才能代替青年期的意識型態信念和
兒童期的道德主義。

　　艾瑞克森舉出弗洛伊德曾說，一個道德人應該做的是「愛和工作」。
「愛」所指的兼合性愛和「博愛」；而工作所指的是通常的有效工作，而
這樣的工作，絕不致使人失去性愛和博愛的權力與能力。

　　艾瑞克森認為在性成熟之前，任何性生活都是為了尋找自己，是渴
望同體，雙方都努力要把握自己；其次則是為了征服對方。這種現象到
成人期男女雙方成為和諧生活而止，因為前此的生命力有益於兩性先有
相同的意識、語言和倫理，然後才形成兩性成熟後的差別。此後便進入
另一個情境，一個人變成了：「我們是我們所愛的那樣的人」。

　　艾瑞克森認為進化使人類成了「教和學」的動物，因為依賴和成熟
是相對的：成熟的人需要「別人需要他」，而成熟則是經過「養育」才
能達到的。「世代」的本意就是指導並建立下一代，包括生產和創造。
艾氏說有些不幸或別具才華的人，把人生放在其他方面，放棄了生育，
不過大多數人仍然趨向於為人父母的一面。

　　艾瑞克森認為社會機構鼓勵並保障新生代，因為新生代是人類組織
的驅策力。兒童期和成人期就是世代系統，才成為連續，人類群體為此
而組織，而群策群力，以應下一代的需要。

　　到了第七個階段，年事已長，曾經為人服務，適應了自己的成功和
失望，艾瑞克森以為，可以勉強用「完整」來形容。此時承擔了過去，
具有了目前的領導地位，接受了自己唯一的生命週期，無人能夠代替。
不必再希望自己是另外的一個人，承認自己的生命是自己的責任。生出
「民胞物與」之感，知道每個生命各有其偶然的巧合，而個人生命只是
歷史的一個細微片段，自然各有其浮沈，各成一整體。

　　如果缺乏或失去這樣自然生成的自我統體，將會顯示厭惡和絕望：
不承認生命中有命運這回事，不承認死亡是有限的界限。絕望表示嫌時

間短促，無暇重新來過以達到完整。這種厭惡常常指向一個特殊的機構或某些人，種種不快所表示的，乃是對自己的藐視。

有意義的老年，是生命週期的暮年，或者可以稱之為「睿哲」， 以成熟的智慧，累積的知識、判斷和了解，每個人都可成為自己的「智者」。老年人如果心有所慮，最高的關切是自己的「同體限度」（不盡完美之處）可能傳給後代，而且常把自己的不幸傳遞。但是偉大的哲學和宗教系統所說的偉人的責任卻在其時的文化與文明，從克制中尋找傳遞，仍然為維護世界而保留了倫理。而文明由整個生命週期衡量其意義時，無論如何，都可在下一代發現一些跡象。

無論人們墜入何種最認真的深淵，每個人總不免要面對生命的盡頭，此時的同體危機，艾瑞克森稱之為「我就是像這樣活下來的」。 生命的各階段，如信念、意志力、目的、才能、節操、愛、養育、睿哲等個人的生命力，都會注入於社會機構生命中；否則社會機構將枯萎。但是如果不是社會機構精神將養育和愛擴張，就沒有將「教和學」傳到下一代的力量。

艾瑞克森認為「心力」有賴於規範個別生命週期的全部過程、下一代、和社會結構的共同努力。

三、評述

艾瑞克森的「認定同體」以「青年期轉捩點」為骨幹，申明其對人格發展的觀點，並未標出「人格」二字，卻表現了人格形成的理論。艾氏雖然把人的一生分成八個階段，然而最重要的卻在前五個階段中。其中的第五個階段顯然是「關鍵期」，因為青年期不僅是「一個」轉捩點，也可說是一個人一生的定位點。從這個點上，將步入正常而健康的成人階段，抑或陷入混亂而茫然不知所適的渾沌歲月中，是最重要的分界點。

把青年期看做一生「可善可惡」的分界點，從艾瑞克森的說法裡，可以了解到他的看法。根據身心發展的歷程和狀況，青年期在生理方面，已經發展到至少接近成熟的程度；在心理方面，雖然尚未成熟，而個人的「信念」、「意願」已經相當明顯。換句話說，無論見解是否通達正確，已經有了強烈的「個人主張」，而且十分堅持己見。這也正是青年期的一個特徵。從這項特徵上可以看出兩種截然不同的現象。現象之一是：見解「接近正確」，大體上符合社會規範與文化傳統，沒有嚴重的「不合流俗」之處，在此後的發展中，隨著個人的志趣進行，不虞有「驚世駭俗」的行為表現，可以預見其健全的未來。現象之二是：見解「乖張」，而且「剛愎自恃」，如果「一意孤行」下去，行見其在未來中，險象環生，就深值憂慮了。

當然在這兩種現象中，也不是完全沒有「逆向」轉變的可能，不過可能性必須取決於「時機」和「個人的態度」。有時只在「一念之間」，不過這種機率實際上並不很高。所以艾瑞克森把青年期看做是一個相當危險的時期，危險在轉變到「不應該」去的方向上。

然而青年期不是出生後一天就達到的，必須要經過十數年以至二十餘年，而前此的發展狀況，則是青年期的孕育階段，所以要從出生後的嬰兒期說起。

艾瑞克森並未對八個週期指明確定的年齡界限，只是偶而提到進幼兒園或學校，可能因為生理分期已有許多說法，也可能因生長的個別差異，不肯用確定的年齡做普徧的分野。不過要注意的是艾氏對「幼年」的分期，分嬰兒、幼兒、兒童三個階段，第四期才是學校期。如果以為普徧的入學年齡在五至七歲之間，折衷的說，前三個階段應該是指「六歲」以下的兒童。這個階段是通常所謂之「學前期」，艾氏卻將這六年分為三個階段，指出每個階段的發展需要，可見其精密，更可見這短促的幾年之重要的程度。

　　如果把艾瑞克森所說的嬰兒期看做是兩歲以前的一段，則這段時期可說是十足的依賴時期。嬰兒的動作能力尚未發展出來，維持生命的必須條件完全依賴成人供養，在這一方面嬰兒毫無自助的能力。然而嬰兒出生後不久，已經有了知覺，可以感覺光線和聲音，以及對身體的接觸。熟知的事件是嬰兒因飢餓而啼哭，而食物一入口，啼哭便停止，因為得到了所需要的東西。此外的需要如寒冷或潮溼等，也因能得到溫暖或乾燥而祛除了不舒服的感覺，而得到了滿足。這些滿足之及時而來——不必「長時」啼哭或忍耐需要的「煎熬」，使嬰兒建立了信心，相信無須為「需要」而恐懼，因為需要一定會得到滿足。艾瑞克森認為嬰兒的信心是兩方面的：一方面相信「母親」會滿足自己；一方面相信自己是確確實實的存在，而且存在於一個值得信賴的地方。

　　要為嬰兒建立起這種信任感，顯然的真正的責任者是撫育嬰兒的人，通常當然指母親。母親要確切的知道「此時此刻」嬰兒需要的是什麼，當然要把即刻的情境和前此的狀況連接起來，例如上次哺乳或換尿布是什麼時候，可以斷定此時嬰兒究竟是飢餓還是潮溼，可以不經「查看」或「試驗」，便能立即供給嬰兒之所需，這就是「有效的」滿足，也是加強嬰兒信任的要件。「無效」一則是指母親要「經過」查看或試驗，才能提供嬰兒「真正」需要，縱使這過程並不長，但對「急不可待」的嬰兒來說，便可能是相當的「遲延」。遲延滿足便相對的增加嬰兒的焦慮，因為嬰兒不知道要等多久才能得到需要的東西。「不知道」意味著「不確定」，不確定便「不信任」，也就不能確定母親對自己的愛心。

　　另一種可能的現象是在母親提供嬰兒需要時，伴和著手忙腳亂以至緊張的表現。我們承認嬰兒對環境氣氛有感受力，也承認嬰兒喜歡「祥和寧靜」的氣氛，沙利文 (H. S. Sullivan) 曾說明在母親撫育嬰兒時，如果表現出忙亂或緊張，將會感染到嬰兒，使嬰兒感到不安，以致產生焦慮。這種情形往往見於某些母親為了平息嬰兒的啼哭，自己大聲喊叫或

動作粗重，結果反使嬰兒的啼哭更為劇烈，便是一例。

由此可以看出，在嬰兒期階段，人格發展的初步鎖鑰，乃是掌握在母親手裡。建立嬰兒的信任感：信任所依賴的人以至整個世界和自己。否則便會不信任所有的人，也不確定自己，二者全依這個階段中的生活經驗而定。

到了幼兒期，艾瑞克森認為發展有兩個方向，而且和嬰兒期的發展相關。一個方向是以前此所建立的信任感為基礎，發展出自主和意志力；一個方向則以前此的不信任感，發展出羞怯與懷疑的態度。這種現象都見於幼兒的遊戲活動中。

就艾瑞克森所說的幼兒期估計，大概年齡在兩歲到三歲左右。此時動作能力迅速增加，除了睡眠，都在活動，而活動自然是遊戲性的。

通常幼兒的遊戲活動，必然是幼兒所「指向的空間」和某些「可用作玩耍對象」的物件。指向於一個空間和物件，表示幼兒有了「自己的意向」，照著自己的意向去活動，乃是「自主」的嘗試和練習。如果這類活動「適當的發展」，則幼兒的自主力便會逐漸增加，是發展過程中所需要的。

然而在文明社會裡，並不是所有的空間和物件都可任由幼兒玩耍，尤其可能發生危險的場所或物件，所以必須禁止。例如母親看見幼兒跑向一個危險的場所，勢必要把他拉住或喝止，或是教他等一等，待母親確定沒有危險時再去，或是把握在幼兒手中的物件取過來。「等一等」或令幼兒「放手」都是幼兒自主的挫折或阻礙，而「命令」的言辭也可能使幼兒「膽怯」或「恐懼」，對幼兒的下一個活動可能產生影響力。

對於這一點，艾瑞克森引用心理分析肛門期的說法，在如廁訓練中，母親要幼兒「忍耐一下」（等一等），到廁所再便（放開）。此時可能發生的情形是：其一、幼兒等不得而沾污了衣服；其二、到了廁所卻又便不出來了。前者可能使幼兒覺得可恥；後者可能使幼兒無形中形成「忍

便」的習慣，因而產生羞怯或懷疑的態度，「自以為恥」，又不知道自己的控制能力（因為要便時反而不能如願排泄）。

　　要使幼兒正常發展，艾瑞克森認為應該培養幼兒的「自主力」。 而自主力的培養，並不是對於幼兒的遊戲或活動，完全「放任」。 即是要使幼兒練習對自己「想要」卻「不應該」的活動，用「自己的力量」控制自己，這就是「意志力」。 幼兒用自己的意志力控制自己的活動，才是正常的「自主」。而這種力量的發展，也和如廁訓練相互配合，在「等一下」和「放開」之間，能運用自如，就不致生出羞怯或懷疑了。

　　艾瑞克森主張培養幼兒自主力，必須伴合著對某些活動的約束，是很值得注意的一點。這項主張糾正了縱容幼兒任意活動的謬誤，其積極的意義，則在於培養幼兒自主的意志力，是正常的自主，而不是「任意妄為」，是很明智的一點。

　　艾瑞克森所說的兒童期側重弗洛伊德的性別角色，以為三歲的兒童，尤其男性知覺到性別特徵，因而心理上有嫉妒父親的意識，同時發展出良心而有了負疚感。由此這個階段的發展可能，一是生出「自發的進取」，從生活經驗中尋找目的；一是因角色衝突而生出愧疚。

　　這種說法，自然帶有從弗洛伊德以來的男性優越感。不過艾瑞克森認為「自發的進取」要從生活經驗中學習認識性別以外的角色或任務，偉人生活故事可能是兒童尋找材料的來源，從其中開拓胸襟，選擇模範，並且學習辨別真正的善惡，同時可以在各種模倣活動中，吸取職業意識，做為日後決定生活目的的線索。

　　通常兒童期正是熱衷於做善惡判斷的時期。例如兒童在聽故事時，往往急於知道一個人是「好人」還是「壞人」， 急於知道壞人是不是死了。似乎有了善有善報、惡有惡報的因果觀念。也可能因為如此，如果兒童有了下意識的負疚感，則可能更增加了對自己的焦慮。

　　如果把「良心」的意義超出於「奧迪普」情結之外，視之為判斷自

己行為和居心的機構，應該是正常的道德意識的發展，那麼就要超出於弗洛伊德的說法之外，不把道德視為妨礙心理發展的約束，而視之為人類文化社會的必然。同時在教導兒童時，根據其可以理解的程度，培養其理性的判斷力，如艾瑞克森所說的，父母要兒童遵守的，自己要先行做到，恰似我國以身做則的道理。如是道德規範雖然約束行為，卻不致妨礙兒童的自發性，並且可以使兒童在自發的嘗試中，發現並認定自己的角色或任務，才能和幼兒期的自主與意志力連貫，繼續發展下去。

進入學校期，艾瑞克森認為如果在兒童期發展出自發的進取，便要努力嘗試自己的才能，有了濃厚的學習興趣，而成為「勤勉」的性格。反之，如果前一期產生了愧疚感，便會認為自己無能無用，而生出「自卑感」。

就學校期的正常發展而言，進入學校的學生，既然身在學習環境之中，就要在學習方面認定自己。這裡要特別注意的是，學習包括許多方面，各個人也各有所長，相對的也難免有欠缺的方面；而且初入學的學生，並不知道自己有什麼才能，必須有各種各樣的嘗試機會，才能從實際上得到驗證。這就顯示出學校和教師的責任，要儘量使學生學習多樣事務。如此做時便有許多應該注意的事項。

第一、學生的學習重在嘗試，結果是次要的。這就是使學生學習一種事物，主要的是使學生接觸並知道這種事物，至於學習成就，只能做為驗證學生在這方面的能力，卻不可只許成功，不准失敗。由此可以推想要求學生的每項學習都要得到「滿分」，非常值得商榷。

第二、學校期距離成熟尚早，在學習中固然以嘗試才能為主，但是幼稚的心理狀況卻需要鼓勵，更需要指導。鼓勵在於對學習行動的嘉勉，以增進勤勉精神；指導在於行動方法的運用，以免「一擊不成」，就失去了再試一次的興趣。

第三、學習的材料應該有實際操作的部分，使學生在作業中可以看

到自己的工作成果，尤其是和某些實際操作行業有關的，可使學生對未來的職業有所認識，同時感到自己能做成人的工作，更有益於自我認定。

第四、在學習中加入遊戲的成分，減少學習的枯燥和嚴肅性。更要變換學習方式，以提高學習興趣。

艾瑞克森以為好的教師可以使學生終生不忘，而且對學生的自我認定，有相當的積極作用。❷

艾瑞克森把人格發展和形成放在青年期的前五個階段，雖然所依據的是心理分析學說，卻印證了本身的醫療經驗，分辨出發展的正常和不健全兩種狀況，較之心理分析說只就病態一面立論，更為周全。尤其在每個階段發展的兩項可能之外，特別提出「責任者」——父母與教師應有的作法，超出於純粹的心理學之外，富有教育意義，是特別值得注意之處。

❷　以上參看❶, pp. 91–141.

參考書目

E. H. Evikson: *Identity and the life cycle*, psycho, issues 1–1, International Universities Press, 1980/1959.

: *Childhood and society*, Norton, 1963/1950.

: *The life cycle completed*, Norton, 1982.

第六章　麥斯樓的自我實現說

　　麥斯樓於1908年出生於美國，由威斯康辛大學研讀心理學。在其畢業任教期間，恰是完形心理學家韋則默在美講學時，曾又與新弗洛伊德學派之艾德洛、弗若姆、何尼等往還。其時正值弗洛伊德學說受重視於心理病學；完形學說應用於學習心理時期。二者一重分析，一重整體，加上日後心理學由病態趨向健康；又自社會心理學中在社會與自我並重下，出現了自我說。似乎許多說法都融入於麥斯樓的觀點中。就在人格心理學日益發展的過程中，麥斯樓由心理學而加入哲學成分，出版了以基本需要為最有力的人格觀點，從心理健全的人格著眼，提出了可以稱之為「理想」人格的雛形，即「自我實現說」。

　　麥斯樓對人格的概念，可以從他1954年出版的《動機與人格》一書中看出。這本書是彙集他多年的研究而成；於1970年修正補充後再版。他的人格概念，有幾個要點可以介述。

一、從「高度人性」探討人格

　　麥斯樓在《動機與人格》再版的前言中說：「對人格的看法，要擴大視野，從高度的人性著眼；也就是說，在心理學所談的人性之外，還應該想到人另有較高層次的性質，這層性質是人之本質的一部分，是與生俱來的。這樣看人格等於對人性提出不同的哲學，對人做了另一種意象；同時也成了新而透徹的人生哲學。」❶

---

❶　Maslow, A. H.: *Motivation and Personality*, A.H.M. 1970, preface, pp. IX–X.

照這個看法說，要了解人生就要了解人之最高的「願望」。成長、自我實現、保持健康、尋求「認定」和「自主」、希求「卓越」（以及其他力爭上游的方法）等都是人類普徧的意向。

如是「需要」便成了人格發展的動力，從與生俱來的需要——普徧、基本的本能，到出現願望的潛能，都基於「人性」，因而談人格，必須從統合的「整體」著眼，不應將其分為片斷。

麥斯樓於是將需要分出層次，從最基本的開始，層遞而上，最高層是「自我實現」。於是人格發展，便成了層遞而上的歷程；不過要進入每一個較高的層次，必須具備一個不可或缺的條件，那就是「現在」這個層次的「需要」一定得到了「滿足」，否則便無法超昇。如是在麥斯樓所列舉的需要層次中，便有了「基本的需要」和「頂上需要」(meta-needs)之別。至於是否每個人都「必然」達到「巔峰」，就要看在他個人生活中，是否層層需要都得到了滿足而定，於是就有了「人格差異」。

在麥斯樓的這個看法中，「巔峰人格」顯然最引人注意，因為人性本就有力爭上游的傾向，而「最高點」常常是注目的鵠的。麥斯樓所說的人格的巔峰，也就是他所說的「自我實現」的人格。人格發展到這個地步，是「成人」(fully human)或完人的狀況，健全而具備所應有的「價值」，如真實、善良、美等等。如是麥斯樓對人格的概念，至少他所認為的發展完成的人格，已含有相當的價值成分。而已經「實現了的『我』」，也是從以物質為基礎、受皮肉約束、可以分裂的原子，超脫到具有永恆德性的「價值概念」，是一個擴大而充實的自我。

麥斯樓的人格概念，是在弗洛伊德心理分析說、新弗洛伊德學派（弗若姆E. Fromm、賀尼K. Horney等）和許多心理學家相繼問世，互相參照而提出的一種觀點。其觀點是拋開分析和病理的說法，從健康且整體的人著眼，彙合心理學、哲學、社會學等方面，由對人性的認識來探討人格，成為多方注意的觀點。以麥斯樓把動機和人格並列來看，是把動

機看成人格發展的要素；而動機則是需要，需要本是「缺乏」的同義字，故而需要必須得到滿足才會消失，就在需要「存在」和滿足的狀況中，表現出人格的跡象。

二、基本需要

麥斯樓用動機來解釋人格，這個說法的重點是必須從「整體」出發，建立在統合的觀點上。動機在心理學中早就承認是行為的造因，是行為的動力。用來解釋人格時，麥斯樓提出了所謂的「基本需要」，簡述於後。

(一)生理需要

生理需要即是身體需要，其一是為了保持身體的正常狀況，其二是表現出對食物的喜好。

麥斯樓雖然認為談動機時不必把「飢餓」當做典範，因為一經飽食之後，飢餓的感覺便不復存在；而且在飢餓的時候，可能還同時存在著其他的需要。不過生理需要仍然是占優勢的，勝過生活中的其他動機。假如生理需要和其他需要同時併存，則首先要滿足的，還是生理需要，而且要把智慧、記憶等能力全部用到這一項的滿足上去。一個餓到極點的人，迫切的需要食物，因而所想的、所記得的、甚至幻化出來的，除了食物之外，更沒有其他的東西。因為在這個時刻，「要吃」決定一切，其他都可能排除而消失。

麥斯樓認為人類這種有機體的一項特徵是，在「受制於一種需要時」，對未來的整個哲學都可能改變。例如一個確實飢餓的人，他的理想國就是一個充滿食物的地方。他會想到只要這一生不愁缺少食物就更無他求。如是「生活」的意義就成了「吃」，其他的都毫無意義，什麼自由、愛、

統體感、尊敬、哲學都一無是處，因為這些無益於填飽飢腸，這樣他的
生活中就只有麵包了。

這種情形可能存在，但是必須在長時期的極端缺乏食物的狀況中，
才能證實。退一步說，如果飢餓的狀況沒有嚴重到極點，而只是像日常
生活中所感覺到的餓時，則所「想望」（需要）的，可能「不僅是」食
物（可吃的東西），而是「所喜歡吃的」。所以需要有層次之別，在飽食
以後其他需要出現時，這些需要便又成了急需滿足的了。因為需要層出
不窮，所以會層遞而上。

大體說來，如果一個人的某些需要都可得到滿足，日後對這類需要
便具有忍受力；而過去的需要不曾得到滿足的，和曾經滿足過的人比較，
在當前的滿足上便會有不同的反應。這是麥斯樓觀點中應該特別注意的
一點。❷

(二)安全需要

麥斯樓以為在生理需要相當的滿足以後，就會出現另一批新需要，
像需要安定、有依靠、有保障，沒有恐懼、焦慮和紛擾，要有結構、有
秩序、有法律、有限制，保護者有力量等等，大體上可以總稱為安全的
需要。這一類的需要和生理需要相同，只是程度上不那麼迫切，卻仍然
是行為的組織者，關係著一個人對世界的瞻望和對未來的價值判斷。如
果一個人認為「缺少」安全，可能視生理需要是次要的，而把安全列在
首位。

安全需要固然是就「成人」而論，但是卻要從嬰兒和兒童說起。因
為幼年期的這種需要簡單明瞭，很容易看出。嬰兒的「不安全」感出現

---

❷　一個偶然在一天中少吃了一餐飯的人和連續若干天餐餐都吃不飽的人對
　　食物的需要絕不相同，可參看 Frankl 所寫二次大戰時德國集中營之說明，
　　以及災害地區飢民的狀況。

在受到攪擾、突然落到地上、大聲、強光、或異乎尋常的感官刺激，鹵莽的提抱、離開母親的懷抱、或抱持不當。嬰兒患病時同樣出現不安全感，如嘔吐、腹痛等。這些現象在嬰兒心目中，無異是一個光明世界突然變成昏暗。

兒童的「不安全」感起自於所喜歡的「常規」或「韻律」有了改變。兒童似乎願意有一個可以預料、有規律、有秩序的生活世界。父母不公平、不一致將使兒童焦慮不安，因為父母的表現使兒童覺得是生活在一個不可靠、不安全、又無從逆料的環境中。兒童心理學家、教師、以及心理治療者發現「有限度的准許」(permissiveness within limits) 比「漫無限制」更為兒童所需；或者可以說，兒童需要一個有組織、有結構的環境甚於「無法無天」的。

以父母為中心的正常家庭是兒童所需要的。相反的，爭吵、打鬧、離婚或死亡便成了可怕的了。父母動輒高聲責罵、以體罰為威脅所加給兒童的恐懼，甚於身體的痛苦。此外如生疏的環境，意外的刺激，忽然與父母走失，都會使兒童感到失去了保護者。

麥斯樓以為成人如果生活在安定而富足的社會，安全需要便不會明顯的出現。不過在戰爭、疾病、天然災害等發生時，便會明顯的需要安全了。安全成為迫切的需要見於社會現象，如法律、秩序、社會權威動搖時，便成了安全的威脅。混亂和虛無主義往往使人從高層次的需要跌落到迫切的安全需要中，因而寧可接受專制或軍事規則，以面對危險，因為在權威和法規失序時，任何人都會感到缺乏安全。

㈢歸屬與愛的需要

麥斯樓認為在生理和安全需要得到滿足之後，繼之而生的是歸屬與愛的需要，這種需要如前兩種需要存在時一樣，成為一個新的核心。此時會感覺到前所未有的渴望朋友、情人、妻子或兒女；期望自己是家人

或團體的一員，而且努力要達到這個目的。

在擯棄傳統、家人分散、兩代情感隔閡、人際關係只有膚淺的表面，而缺乏誠摯的情誼的時候，需要歸屬和愛更為強烈。麥斯樓特別聲明「愛」不等於「性愛」， 因為「性愛」可以單從「生理需要」方面來探討；而且還含著其他的需要。尤其不能忽略的是：愛的需要包括「付出」和「接受」兩方面。引申來說，就是愛不是「單方面」的要求。所謂單方面的愛， 通常解釋為「有人愛自己」， 或自己為人所愛。世俗常把這種狀況視為「幸福」的一端；在這狀況中，就成了只有「單方面」的接受。如果人人都如此想，那麼「誰會是」愛人的「付出者」呢？實際上「愛的需要」確是包括「愛人」（愛別人）或「有所愛」， 和「被愛」（別人愛我）兩者。愛人是「付出愛」；「被愛」是「接受愛」， 兩方面都會使人感到滿足。同時由愛和被愛，與所愛的人和被愛的人有了密切連接，心理上便有了「歸屬」，可以為所愛的人或愛我的人而滿足；也可以為此而更愛自己，更珍惜自己，以至為他們奉獻一切。這樣的愛沒有「自私」的成分，才會在愛的真諦中得到真正的滿足。

㈣自尊的需要

麥斯樓以為「美國人」都期望自己有一個穩定的自我評價，以便「自尊」、「自重」，同時「尊重別人」。自尊的需要可以分成兩類：其一是有毅力、有成就、適當、有主宰力、有才能、有信心以面對所生存的世界，並且能獨立而自由。其次是有名譽和聲望（是來自於別人的尊重）、 有身分、有名氣和讚譽、有支配權、得到承認、受注意、重要、有尊嚴或為人賞識。

能夠滿足自尊的需要則能生出自信、毅力和能力，能感到自己的「價值」、 不枉生而為人。如果這種需要不能滿足，便會生出自卑、無能和無用的感覺；因而失去奮鬥的勇氣，生不出如艾德洛所說的「補償作用」，

甚至反而生出神經質的傾向。

　　「自尊」和「受人尊重」是出自兩個方向、卻互有影響。有些「不先反省自己」，卻一味「要求別人」的人，常常認為「別人不尊重自己」，以致「失去了自尊」，為進一步的「妄自菲薄」或「自甘墮落」找藉口；甚至引用沙利文所說的，母親要尊重嬰兒的感受以培養其自尊為口實。實際上沙利文是從心理和人格發展的歷程著眼，提醒母親們勿以為嬰兒無知或不懂得感受，希望母親在養育嬰兒時不可輕忽。這個說法，不能輕易引用到有了自我作用以後的階段，把母親對嬰兒的「責任」加到別人身上，要求別人「先」來尊重自己，否則自己就生不出自尊。麥斯樓指出把自尊奠基在來自別人的尊重並不恰當，正確的方法是要「自己值得別人尊重」。而「值得」別人尊重的，是自己內在的品質、自己的能力和表現。把這個說法引申一下，就是自尊要先從自己開始，要使自己知道自己有能力、有毅力、有信心，那麼就先要「自強不息」，先要自己「重視」自己，然後才能得到別人的尊重。這樣的自尊，最主要的是由信任自己而建立起自信，才有了「獨立」的能力；由此而得到別人的尊重，才能「受之無愧」。如果反過來只知一味的要求別人尊重自己，卻又說不出自己有什麼「值得別人尊重」的條件，縱使勉強得到虛偽的、表面的讚譽，自己內心裡仍然「懷疑」讚譽的真實性，（良知是不能欺騙的，何況還有事實證明。）便仍然生不出自信，也免不了自卑。

(五)自我實現的需要

　　麥斯樓認為即使前述的四種需要都得到滿足，有時仍然會感到還是有所欠缺，似乎還需要些「什麼」，才會感到完全滿意，稱之為自我實現的需要。

　　這種需要的滿足狀況，是一個人對自己完全滿意，明白的說，就是已經竭盡自己之所能，成了一個自己認為確確實實一如己意而存在的人。

在實際例證中，無論成為一個「理想的母親」，或是有十足的體能表現，或是完成了一幅畫，都會使自己得到一種完全「稱意」的感受。這種感受，麥斯樓稱之為「神秘經驗」，指其有「難以言傳」的性質，而且是只有自己才能體會得到的。又稱之為「巔峰經驗」，指其為最高的、稀有的感受。

麥斯樓承認自我實現需要的滿足感，很難做確切的描述。因為這種感覺並非「必然」出現於每個人，而且各個人「所認為的自我實現」也不盡相同。只在其《動機與人格》的第十一章中，以其一項調查研究，做為約略的說明。

麥斯樓從三千名大學生中選出少數基本上屬於心理健康的人，「稱之為」自我實現者，發現這些人有若干明顯的特徵，可能即是他們對自己滿足的原因。這些特徵大致是：

1.承認自己和別人同有人類本性。

2.自發自動、單純、「聽其自然」。

3.注意外在問題、不自尋煩惱。

4.傾向孤獨和隱遁。

5.有自主性、不依賴、意志堅強、主動。

6.在重複欣賞中發現「新鮮感」。

7.有「神秘經驗」、巔峰經驗。（是一種「忘我」、「與天地合而為一」的感受。）

8.「民胞物與」的精神。（猶如四海之內皆兄弟也的觀念。）

9.情深意摯，但不務多的人際關係。

10.民主精神。（對人無階級或差別偏見。）

11.辨別善惡，注重目的甚於方法。

12.有哲學意味，能謔而不虐。

13.有創造力。

14.不易同化，又能超然於特別的文化之外。

就以上列舉的自我實現者的特點來看，稱他們為自我實現者，可能由於這些特點表現了沒有明顯的自卑、自棄、或厭惡自己的跡象；並且顯示可以從很多方面得到滿足，尤其相當滿意於自己，所以心理健全。不過麥斯樓同時指出自我實現者並不是「完人」，他們仍然有缺點。但他們自知的缺點並未使自己感到自卑或愧恨；同時他們也偶而感到矛盾或冷酷，以至不同流俗。

麥斯樓同時舉出自我實現者具有一種價值系統，他們的價值觀建基在承認自己、人、社會等的性質，認為自己對價值系統有一部分責任；承認人各有別，自己固然和別人有不同之處，人和人間也應該各各不同。他們能放棄低層次的需要而進入於較高的層次；區分何者為自私，何者為不自私；視盡義務為愉快的事項，以工作為遊戲來執行；把許多矛盾狀況，如仁慈與冷酷、接受與背叛、個體與群體、嚴肅與風趣等融會成一個調和的整體。❸

三、基本需要滿足後的知覺與性格特質

麥斯樓認為基本需要有層次高低之別。每個層次的需要得到滿足，便會有一種明顯的感受，以五種需要各個滿足的狀況說：飽食暖衣則心滿意足，體力充沛；安定而有保障則不會憂心忡忡；心有所屬則安貼如家居般的舒適；被愛而又有所愛則認定愛的價值；自信、自尊、自重則堅強有力；自我實現則健康成熟而有主宰能力。麥斯樓認為在進入較高的層次之後，低層次的需要既然已經滿足，便不再覺得還有那種需要，甚至唾棄那種需要；同時層次越高，越接近精神或心靈的領域。由此也可了解，麥斯樓賦予高層次需要的價值，在自我實現的層次中，感受的

---

❸　以上參看❶，第四及十一章。

不但更為深入，也更為複雜。以他所列舉的來說，有下述現象：

有滿意的了解。

有逐漸增加的哲學方面的滿足：能多方面的知覺關係，能接受價值約束。

滿意於美、均衡、正直、妥當或完美。

出現更高的需要。

逐漸超脫並唾棄低層次的需要與滿足。

有好惡之別。

價值觀和欣賞力提高，能擇善。

樂趣增加，情感深摯而積極。

欣喜若狂的次數漸多，出現巔峰經驗。

期望和挫折感的層次發生變化。

趨向「高動機」與價值。

在感受之外，認知也頗有不同之處，麥斯樓列舉了十一項如下：

1.更加敏銳有效，認識更真實，且善於試驗。

2.直覺力增加，預感日益正確。

3.神秘經驗中含有靈光與洞悟。

4.日漸「就事論事」，投射與自我中心逐漸消失，超俗與超人類的認識漸多。

5.有改進的世界觀和哲學（即愈趨真實、透徹而統整，有害於人我者漸少）。

6.愈近創造性、藝術性、詩意、樂韻、智慧和科學。

7.固執性、流俗性、衝動性漸少；認識人類中個人的獨特性；不再沿用「二分法」。

8.具有多方面基本而深刻的態度（如民主、尊重每一個人、愛人、仁慈等）。

9.不怕生疏；不泥於熟悉。

10.能把握學習機會和隱含的學習。

11.不再需要簡單的；而樂有複雜的狀況。

依此看來，隨著需要的滿足，感覺和認識也隨層次改變，而且愈趨上層，愈接近「文化人格」。麥斯樓似乎也有鑑於此，所以又列舉了一些性格特質，扼要如下：

1.心氣平和寧靜、無緊張不快或苦惱。

2.仁慈而有同情心；不自私、不殘酷。

3.慷慨。

4.大方。

5.自尊自信。

6.有安全感，無憂無慮。

7.友善、不執拗。

8.能忍受挫折。

9.寬大容忍別人與己的不同之處，尊重別人。

10.勇而無畏。

11.身心健全。

12.深刻的民主風範。

13.輕鬆而少緊張。

14.誠實無欺而率真。

15.意志堅強，樂於負責。

這些性格特徵，也正是人格的內涵。有這樣人格表現的，多半會得到別人的敬重。最後麥斯樓又列出一些所謂「多方面的」現象，同樣值得重視，這些狀況如下：

1.對天堂、地獄、理想國、美好的生活、成功與失敗有了（與前）不同的看法。

2.趨向於高層次價值和精神生活。

3.行為改變：言笑、表情、行動更為明朗而少掩飾。

4.精力旺盛：由倦怠而變為機敏。

5.充滿希望，切盼未來。

6.拋開夢幻的人生和對童年的憧憬。

7.開展了對道德、倫理和價值的觀點。

8.擯棄了以得失為念、仇視與賭博性的生活方式。 ❹

最後出現的這些表現，頗為接近通常所認為的接近理想的人格。加上前述的感受和認識，用麥斯樓一貫主張的整體人格說，應該即等於他所期望的、身心健全、發展成熟、稱得上「成人」的狀況。達到這種境界的人，對自己、對別人、以至對宇宙，會有比較清明的認識，能夠做出適當的反應，形成自己的人生觀；而其生活也具有更多的情趣和快樂。

四、自我實現的超越狀況

麥斯樓對自我實現的層次，相當的欣賞，一再描述自我實現的狀況，後來更把這個層次提昇到「超越」的地位，❺描述超越的意義，❻以及價值生命。❼在這種境界裡，以他所認為的感受說，有五點相當明顯。

㈠進入於「忘我」的境界

在自我實現者中，本已表現出以問題為中心，而不以自我為中心；

---

❹ 以上參看❶，頁72–75。

❺ 見其所著 "Self-actualizing and Beyond"，收入於 *The Farther Reaches of Human Nature*, 1972, ch. 3.

❻ 同❺，ch. 21。

❼ 同❺，ch. 22。

即是這樣的人，不再終日戚戚於自己的問題，而把注意力用在解決問題上，超出了「自我」的「束縛」或「羈絆」，不再受困於「自尋煩惱」的問題。是突破了自我中心的藩籬，卻還不能說完全「捨棄」了自己。如再提高一個境界，自我實現的狀況，便是「渾然忘我」，此時在感受中，已經失去了「自我意識」，不記得還有一個自我在這裡，於是能夠「全然」的在「欣賞」之中，領受最高的滿足；忘記了自己身在何處，忘記了時間的流逝，可以說是一種「超然物外」的境界。

(二)停在「無我」的境界

無我和忘我似乎頗為近似，仔細分析一下，可以說忘我是從「未忘」而來，也就是忘我還接近「有我」的狀況，和「我」相去未遠。到了「無我」的境界，應該是「相忘已久」，和「我」愈去愈遠，「我」已經消失不見，一切原來「牽涉」到「我」的，自然也消失於無形，才能進入於完全「無牽掛」、「無羈絆」的「自由」狀況，把全付心意投入於一個「欣賞」的境界中，才能領略「客觀」的存在，才能得到「洞悟」而感受到莫可名狀的「狂喜」。猶如一個屈居茅茨的人，到了「無我」的境界時，會感到所居的乃是瓊樓玉宇一般。

(三)存在於「真我」的境界

「真我」的境界，應該就是自我期望實現的那個境界。然而這個境界就是自己也很難描述出來，只能從自己的一種感受（即麥斯樓所說的經驗）來印證。當一個人覺悟到「啊，這就是我！」的時候，是發現了一向可能是下意識（無從明白敘述的）想望的自己，宛如發明家的一個新發現，或創造家的一項創造般，忽然發現自己「就在這兒」，這就是自己「真實的存在」。而這個自己，已經和生理的自己完全無關，反而是和日月同其光明，和天地同其長久，麥斯樓稱之為「永恆」；同時認

為此時的感受，是「與天地合而為一」的狀況。

這種狀況，麥斯樓一再稱之為「道家」的狀況（麥氏對道家了解的程度無從得知）， 就其文字所表現的，似乎是一種「純任自然」或「回復到自然」的狀況。

由此看來，麥斯樓所「想望的」自我實現，就是人格發展圓滿的狀況，或者可以說是「完滿人格」的狀況。而他心目中的人格，也已經超脫出「行為表現」之上，要從心理狀況進入到「心靈」， 成了一個完整的「價值系統」；其中所含的美到了相當成分，已經超出於個人和社會，進入於哲學的精神領域中了。

五、評述

麥斯樓的人格觀點，在人格學說中出現的較晚，居於時間優勢，得以吸收各家之長，再根據自己的見地，提出了以「自我實現」為歸趨的說法。

首先麥斯樓脫出了從弗洛伊德以來的「病態心理」的立場，改而從「健康心理」著眼，看向「健全人格」的形成；然後融入了社會與文化觀點，最後幾乎放棄了心理學的「科學趨向」， 逕自進入哲學中摹擬健全人格的狀況，自稱為心理學的「第三派」，重在社會文化方面。

麥斯樓認為人格發展，原自於一些「基本需要」，需要成為「動機」，成為「發展人格」的力量。需要是一種「匱乏」的狀態，從柏拉圖以來，許多論述不勝枚舉，究其要點，從心理方面說，「有所欠缺」（匱乏）是不愉快的狀況，基於「避苦求樂」的心理傾向，必然要設法改變這種狀況，那就只有「滿足需要」， 得到所缺乏的，不愉快的感覺才會消失，才會轉而變成滿足或愉快。所以需要（匱乏）、 欲望、滿足相連，如果生活中每個需要都能得到滿足，使由需要而生的不愉快（苦）， 最後能

以愉快來代替，使「苦」消失於無形，將是人所期望的，或者可以說是令人滿意的生活。倘若實際上並不如此，需要得不到滿足，匱乏的存在，即是有所欠缺，有所不滿，時間越長久，累積的不快和不滿便越沈重，便可能影響心理狀況。

麥斯樓基於這種觀點，提出了他所謂的基本需要，也就是他認為人最需要的，而且是和人格發展與形成關係最密切的。

麥斯樓提出了五種基本需要，即是生理、安全、愛、自尊、和自我實現，包括生理、心理與社會等方面。人之生物性的基礎，無疑的以生理的需要為先，孔子說：「民以食為天」，《孟子》中說：「食色性也」（見〈告子上〉），就是從基本的需要著眼，因為生理需要得到滿足，才能維持生命。安全、愛和自尊是心理的需要，和社會性有關，同樣也是人所需要的。至於需要自我實現，西方從亞里斯多德到現代心理學家都談到這個問題；我國先哲很早就以此為人的特點，是人超越萬物的條件。麥斯樓從人類諸多的需要中提出這五項最基本的，自有其見地。

麥斯樓認為五種基本需要，有層次之別，以生理需要為最基本的一層，其餘依次層遞而上，自我實現是最高的層次。而所謂之層遞而上，即是一個層次的需要滿足以後，才能更上層樓，進入高一層的需要中。這一點可能有一部分是事實，但是從普徧處著眼，從麥斯樓的說明來看，頗有值得商榷之處。

第一、以生理和安全兩種需要而言，安全雖然可以嚴格的分生理和心理二者，但卻很難劃清界限，至少某些生理不安全，會引起心理的不安全。以麥斯樓所描述的安全需要而論，單從嬰兒期對物理方面的刺激，如身體位置的突然改變、大聲、強光等都可引起嬰兒的不安全感，顯示了嬰兒對安全的需要。這種需要存在固然無庸置疑，但是其存在是否能夠證明有這樣表示的嬰兒，生理需要已經得到滿足？因為麥斯樓在立論時，已經說明一層需要得到滿足後，才出現高一層的需要。以嬰兒期的

狀況為例，可以屈諒為「說明取材」的欠於考慮，但是與需要層次有如此扞格時，便成了立論的瑕疵。

第二、以「愛」這個層次而論，係居於第三層，依麥斯樓「層遞而上」的立論，也該是在生理和安全兩層需要都得到滿足後，才會出現。實際上根據常識，就在哺乳類動物中，食物和愛是初生時同樣需要的，且有心理實驗發現，初生的小動物雖有適當的滿足生理需要的條件，缺少母愛便會夭折，可見「愛的需要」，不會「後於」生理和安全二者。

第三、麥斯樓似乎集中注意於需要的「層次」，受到「層遞而上」的限制，在人格發展中，忽略了年齡與成長的歷程，以至對各個層次的描述，沒有確定的生理年齡觀念，時而把重點放在幼年，時而似乎必須在其後的年齡階段。雖然先在的了解是，生理年齡的成長，與人格並不同時進行，但就層遞而上說，卻不能排除時間順序，至少可以參照發展心理學，假定一「生長」的順序，使層次井然有序。同時說明人格層次的停滯不前，與生理生長歷程的差別，將更明確。

麥斯樓把「自我實現」看做是完美人格的層次，是最值得贊美之處。這個層次的提出，已經超出了通常的心理學的立場，進入於哲學領域，等於是放棄了心理專家的立場。如他所描述的自我實現者一般，有了「超然」的胸懷，超出於「自我」之外，完全「針對」問題，才能看得更為透徹明白。而自我實現，顯然是麥斯樓自己心嚮往之，甚至可以說已經感受到了的「神往」境界。麥斯樓對這個層次描述的最多，也最引人入勝，可以說代表麥斯樓對人格的理想，在晚年一再推求這個境界的感受，相當於這個層次的「心靈狀況」。麥斯樓似乎對「道家」頗有所知，如果能對中國哲學有更多的認識，便可使其剎那的巔峰經驗，成為確定的品格和恆定的「心境」，正是君子坦蕩蕩、不憂不懼的情懷。

統括說來，麥斯樓的自我實現說，是在心理分析說之外，一新耳目可以獨樹一幟的說法；而且其說也自成一個系統，故而引起多方面的注

意。但在其立論和敘述方面，仍有欠嚴謹和明確。如果天假以年，使其
有修飾補充的機會，可能更為完美。

參考書目

A. H. Maslow: A theory of human motivation, *psych. review*, 1943, 50, 370–396.

: Cognition of being in the peak experiences, *J. Genetic psych.*, 1959, 94, 44–66.

: A theory of metamotivation, *J. Humanistic psych.*, 1967, 93–127.

: *Toward a psychology of being*, Van Nostrand Reinhold, 1968.

第七章　莫瑞的人學

　　莫瑞(Murray, H. A.)以為人格心理學在於研究人類的生活和影響生活的因素，包括個別差異和人格類型，最好用「人學」以代替常用的人格心理學，這個名稱雖未得到一般的承認，此處沿用莫氏的定名以見其學說的特點。

　　莫瑞於1893年生於紐約，學醫於哈佛及哥倫比亞，後獲劍橋大學生物化學博士。任職於哈佛，領導心理診斷。在此期間，致力於人格心理之研究，想確立一種有條理的人格學說，見於所著《人格之探討》(*Explorations in Personality*)一書中。

　　莫瑞將生理與心理密切連結，集中注意於個別人格的複雜性，強調動機的力量，而以面對人格的整體為原則。全部人格包括一個人生物的因素，行為的總和，和發生行為的環境，故而一個人過去的歷史，尤其兒童時期的經驗，是研究人格不可忽視的事實。莫氏自認其人格學說係基於心理分析說、分析心理學與個別心理學，所以對人格組織重視人格的功能與形成，以動機為人格的動力，而人格的發展與嬰兒期的經驗、社會文化的影響和個人的動機有關，從而形成社會化的人格。

一、人格的內容

　　莫氏所看到的人格，明白的述說於為人格所下的定義中：人格在於心意的假定結構中，包括全部生活中一再出現的內外在的行動與行動的歷程和完成，所以人格不是一串生活的事實，而是由事實推論的比較普

徧而長久的事項；人格是身體的統治器官，在一生中不停的從事於變化的功能作用。人格廣泛的功能是其本身歷程的練習，本身的表現、學習造成或消除堅持性的、因需要而生的緊張、形成達到目的的事項，並減少或解決矛盾。由此可見莫瑞所謂之人格，包括個人全部的生活階段，行為中諸多的長久與重視的原素，在心理方面是統治身體的機構，在生理方面是具有統治功能的組織，兩種作用都位在大腦之中。

從莫氏的觀點推測，人格是抽象的形式，而且只是部分的形式，是學者根據某些導向而形成的概念，立說者的觀點有相當的影響。而學者所觀察的是行動的長久性，有些行動是內在的，有些是外在的，有些是多數行動的綜合，許多有聯貫性的行動成為一個連續的表現，由完成多個目的而成，又與能力和成就有關。至於人格的完成，包括如心理分析學所謂之本我、自我、與超我三部份。

莫瑞雖借用心理分析學者的人格結構名詞，但並未賦予相同的意義。莫氏以為本我是原始衝動的貯積器，是力量的本源，和內在動機的起點，即是未經社會化的本身。這是莫氏與心理分析學者相同的看法，但莫氏卻給予本我可以接受的部份，即是在自我形成之前，心意中叢集著非自願的動力、情緒、和需要，不僅可為年幼的兒童自己與母親所承認，而且此後仍是可承認的，甚至在全部生命中會受到文化的鼓勵。所以自莫氏看來，本我不僅包括壞的一面，同時也有好的一面，而且其趨向力因人而異。

莫氏既不以本我為純粹反社會的，又以為自我也不是完全的禁制者或壓抑者。自我是行為組織和統整的中心，其力量係從需要而來，且得到不斷的補給。自我有時可以不受需要的驅使而作用，如沒有食慾的人也能勉強自己進食即是一例。每種需要都有不同的方式，有些屬於自我，有些屬於本我，故而以攻擊作為批評某個人或懲處強人時，可能是自我系統；只有暴烈的行動才屬於本我的系統。自我的概念強調我的意義、

意識，自願的動作，形成自我理想，及禁制矛盾的動機。自我可能偏向於本我而致發生違法的行動，也可能與超我融合而嚴守社會原則。

在人格的每一部份中都包括著環境因素，從心理觀點來說，社會環境比物質環境更重要，因而文化有不容忽視的價值。文化是經承認的社會組織，且在實施與保護中。這種組織包括時間、空間、方式、與對象。兒童由成人應用各種方法將適當的時、空、形、象注入而社會化。人物如親長、教師、警察、法官；方法如建議、督促、示範、獎賞允許、懲罰威脅等。代表「可」與「不可」組織，逐漸成為個人的良心，是為超我。超我的第一種功能是禁止反社會的傾向，第二種功能是代表最高之善的文化或宗教目的，但卻大部份是非意識的作用。

與超我密切相聯的是自我理想，是將來的我的想像的綜合，是一組連續的項目，每組都有不同程度的想望，是由對環境反應而創造的想像，故而可為一串想像的認同，或者是想像中所崇拜的對象。若自我理想與超我確屬密切相關時，個人的期望將與社會許可相合；若自我理想為超我所壓制，個人可能專注於社會福利而將自己置於次要的地位，或者完全獻身於社會。

二、動機的力量

動機雖非莫瑞創始的觀點，但以動機為研究人格的關鍵，且將動機詳細研究並有系統的提供於人格心理學中，當以莫氏為最。莫瑞稱動機(motivation)為需要(need)，需要是一種構造，代表一種腦力、有組織的知覺、統覺、心智、意動、和動作，以便將現存的不利情境轉變至某種方向。需要有時為內在的某種歷程直接引起；或者起於某些既定的連續歷程中；但更常起自有效的壓迫，使有機體尋求或避免此壓迫；若已介入於壓迫中，則或參加、或反對此種壓迫；也可能產生幻覺或錯誤的統

覺。每個需要都伴隨著一種特別的情緒或感覺，希圖應用某種方式以引申其趨勢。需要或弱或強，或短暫、或持久，通常總有堅持性，並引起明顯的行為，將原有的情境改變以求安定。

由此定義，莫瑞指出可以區分的明顯的需要有五種：㈠典型的行為趨勢或結果，如內外在情況的改變，㈡典型的方式，即特別的行為或部分行為的結果，㈢對壓迫之一的尋求、避免、選擇的注意及反應，㈣對於特種情緒或感覺的表現，㈤對成就的滿足或失敗的失望。此外尚有隱藏的需要，是合成壓迫的部份需要、感覺、或趨向的對象，如想像的事物或符號，成為客觀化的，本身反變成旁觀者；或者是未經客觀化的夢境與幻想。

據實際調查研究的結果，莫瑞列舉出二十個明顯的需要，並為每個需要加以闡釋，大略如下：

1.貶抑(n Abasement)：消極的屈服於外在的力量、接受傷害、責難、批評、懲罰、降服、順從命運；承認卑微、錯誤、過失或失敗、懺悔或贖罪；責難、輕視、或殘害自我，尋求且甘受痛苦、懲罰、疾病、或不幸。伴隨此需要的情感為順從、羞恥、負疚、懊悔、卑微、與無助。所受的壓迫是攻擊與統制。

2.成就(n Achievement)：完成困難事項、主宰、操縱、或組織實際事物、人、或觀念；儘速並獨立從事工作；克服困難並達到高度標準；使自己傑出，勝過別人；因特長而更重視自己。所伴隨的情感為熱誠與雄心；所受的壓迫為任務與競爭。

3.結合(n Affiliation)：與有關的人密切合作：此人或與自己相似，或喜歡自己；取悅或獲得一個對象、或忠於友人。所伴隨的情感是信任、善意、喜悅、愛、同情的了解。所受的壓迫是相關的對象與結合。

4.攻擊(n Aggression)：極力克服反對、爭鬥；報復傷害；攻擊、傷害、或殺死對象，極力反對或懲罰別人。伴隨的情感是激動、忿怒、暴

躁、報復、嫉妒、與仇恨。所受的壓迫是侮辱、輕視、非難、譏笑、懲罰、統制、威迫、反對、禁止、抑制、優越、以及任何過分自信、自誇的人。

5.自主(n Autonomy)：求自由、脫羈勒、打破限制；反對威迫及制限；避免統治者所指定的活動、願意獨立自由的依衝動而動作；不受拘束、限制、排除責任；反抗契約。所伴隨的情感是受抑制感、忿怒、獨立與排除責任感。所受的壓迫是實際的限制、統治與攻擊、威脅、禁止。

6.反動(n Counteraction)：努力主宰或挽救失敗；以繼續的動作消滅屈辱；克服困難、壓制恐懼；以動作消除玷辱；尋求困難以便克服；保持高度的自尊與自負。所伴隨的情感是失敗的恥辱或怯懦的表現，克服的決定、驕傲、努力的熱誠。所受的壓迫是困難、挫折、或先有的失敗。

7.衛護 (n Defendance)：保護自己受侮辱、批評、與責難；隱藏或辯護過失、失敗、或屈辱；為自我辯護。所伴隨的情感是負疚感、自卑感、焦慮、憤慨。所受的壓迫是攻擊、侮辱、懲罰、輕視、譏笑、懊悔。

8.順從 (n Deference)：贊美並支持優越的人；稱贊、尊敬、或頌揚別人；熱誠的服從有影響力的相關者；效法模範人物；附合流俗。所伴隨的情感是尊敬、贊美、驚奇、崇尚。所受的壓迫是統制、表現、及有指導力或吸引力的人。

9.統制(n Dominance)：控制自己的環境；以建議、壓力、誘導、或命令影響或指導別人的行為；勸阻、抑制、或禁止，說服別人依自己的情感或需要而行動；爭取別人的合作；使別人相信自己意見正確。所伴隨的情感是信心。所受的壓力是低微的人、順從、怨懟與貶抑。

10.表現(n Exhibition)：製造印象、求名望、昇進、驚奇、款待、震驚、陰謀、或取悅別人。所伴隨的情感是虛榮、興致與自信。所受的壓迫是聽眾及所要吸引的對象。

11.避害 (n Harmavoidance)：避免痛苦、身體的傷害、疾病與死亡；

逃避危險的情境；慎重。所伴隨的情感是恐懼、焦慮、了解、驚駭、恐怖。所受的壓迫是危險、無支援。

12.去侮(n Infavoidance)：避免屈辱、脫離尷尬的情境以免受到咀咒、別人的愚弄或忽視；因恐懼失敗而抑制行動。所伴隨的情感為自卑感、在事件發生前或發生時的緊張、焦慮、與尷尬，以及事件發生後的恥辱與懊喪。所受的壓迫是攻擊與擯棄。

13.供養(n Nurturance)：同情並滿足無助的對象如弱小、無能、疲倦、無知、脆弱、失敗、受辱、孤獨、沮喪、疾患，扶危濟困。所伴隨的情感是憐憫、深情、與慈祥。所受的壓迫是救助。

14.秩序(n Order)：將事物安置就序；完成整潔、組織、平衡、正確。所伴隨的情感是厭惡紛亂。

15.遊戲(n Play)：無特別目的的取樂；喜笑謔；求輕鬆；從事運動、跳舞、飲宴、牌戲。

16.擯棄(n Rejection)：離開有反作用的對象；排除、放棄、或漠視卑微的對象；冷落或遺棄別人。所伴隨的情感是厭惡、輕藐、忽視。所受的壓力是卑微的或可厭的對象。

17.感受(n Sentience)：尋求並享受感覺印象。所伴隨的是感覺或審美的情感。所受的壓迫是感覺的對象。

18.性(n Sex)：形成或擴展情愛關係。所伴隨的是情愛的激動、慾、愛。所受的壓迫是性的對象。

19.依賴(n Succorance)：因同情或幫助有關的對象而滿足自己的需要；接受護養、支持、保留、包圍、保護、愛、勸告、指導、縱容、寬恕、安慰；依附於傾心的保護者；常有一支持者。所伴隨的是無助的焦慮、不安全感、孤獨、絕望。所受的壓迫是缺乏支持、喪失父母、被擯棄。

20.了解：(n Understanding)：問答普通問題、愛好理論、分析、綜

括、討論；強調邏輯與理由；自我校正與批評；正確的說明意見；堅持思想與事實的符合；喜抽象的學理。

其瑞又以為需要可分為初步的與次級的二種；初步的需要是生物的如空氣、食、水、排洩、避免不快或傷害、與休息等，屬於身體方面的愉快，各有相當的器官以司滿足的功能。次級的需要是心理的，在身體中無確定的區域，其出現由於緊張或伴隨著的情緒，與心理或情緒的滿足有關。生物的需要對人格的重要性並不相等，由活動的次數、強度、因時間而生的個別差異，以及心理需要對此等功能的力量而定；而且需要的滿足若無阻礙，未必即成為決定人格的原素。生物的需要有週期性，心理的需要亦然，特別在相反的需要間，更易看出其變換性：如合群與孤獨、說與聽、領導與服從、幫助與受助、予與取、工作與遊戲等。

依需要之表現於行為的而言，又可分為明顯的與隱藏的、內在的與普通的二種。前述二十種需要屬於明顯的一類；壓抑的貶抑、攻擊、認知、統制、表現、性、依賴等也有屬於隱藏一類的；可以推論的需要有獲得(n Acquisition)、避謗(n Blamavoidance)、認知(n Cognizance)、建設(n Construction)、陳明(n Exposition)、認可(n Recognition)、保留(n Retention)。普通的特質有焦慮、創造、連接、情緒、容忍、趨向、態度、速度、投射、情操、變化等；並有附帶的自我理想、自我愛慕、超我整體與超我矛盾。

需要之間，存有相互的關係，也可據此而作一分類。在單一的動作能滿足兩個或多個需要時，是需要的結合；若一個或多個需要的動作是為滿足另一個需要，則前者為輔助的需要，後者為決定的需要。又在一短暫的集合中，相反的需要常互相關聯，如統制之後繼以服從，攻擊之後繼以供養或貶抑。或者需要間彼此互相矛盾，如因反對而不敢逕求情感的滿足，這類需要的衝突出現於神經病患者間的最多。

需要是決定行為的內在力量，環境中事物對個人的壓迫也能影響行

為的決定。在前述需要中，皆附以壓迫的種類，是加強刺激或引起需要的外在因素。壓迫對有機體來說，有時是有利的，有時是有害的，是許多刺激之臨時的完形。如果環境中的壓迫來自某種事物，此事物吸引有機體而趨向之，在有機體方面便是喜歡此物；若此物使有機體發生厭惡而避免，則生出相反的作用。在需要升起後，連帶的生出想像及與對象間的相互作用，此時稱為需要的統整，可能進入意識中為幻想或動作的計畫。

三、人格的發展

　　莫瑞以為人格不可以部分的特質或片斷的行為為代表，而應是生理、心理、與社會的綜合，包括全部生命歷程。人格的發展自生命開始時起，且依心理分析學觀點，相信幼年經驗的重要。但莫氏更重視環境的影響及人格社會化的結果對人格發展的貢獻。

　　莫氏以為在幼年經驗中所受的挫折，特別是可喜的情況或活動停止時，往往形成情結 (Complex)，是人格發展的有力影響因素。所謂情結是由可喜情況導致而出的耐久的統整、如哺乳或排洩的快感因斷乳或如廁訓練而受到挫折或停止，以致造成情結。常人皆有若干的情結，惟不至嚴重程度時，不必視為變態。情結多半形成於嬰兒期，與心理分析學家的觀點相同，種類因所司的器官而定。

　　莫氏之人格發展的特點，為其對整體人格的看法。以為人這個有機體自出生後即是一個整體，部分是由整體本身區化而來。且整體與部分是互相關連的，了解整體必須了解部分，而要求了解部分亦應了解整體。因為有機體的全部生命中，包括無限叢集的連續，將生命的各段落相接，使之成一單元，方對心理學有意義。

　　整體的人格，不僅包括個人的全部生命與活動，而且應包括物質與

社會的環境。依莫氏的看法，有機體在任何時間內都處於一個決定其行為的環境中，而環境又是變動不居的，個人便不免受到物質或社會的阻礙。在注意環境因素時，又不能忽略個人的特質，因為在同樣的情境中，兩個人有不同的反應，必須把環境與個人看做統整的單位，方能判斷人格。而且過去的環境，在該一時間內是外在的，但卻被保留下來而成為目前內在的因素，所以人格中不但包括內在外在兩種因素，尚有過去環境經驗的因素。

　　從發展的歷程看，各階段重現、進行、社會化、昇華、區化、統整、最後統合為一體。各發展階段有不同的類型，而每一階段可能有不同數量的重現。在同樣事件中，時間、地點、方式、與對象並無顯著的變異，是一種連續，莫氏稱之為同一(Sameness)，包括重現與連續，後者見於目的與興趣的持久性，只是進行的方式微有不同。

　　進行的跡象是變化，而變化代表決定性的進步，包括適應的學習、趨向的統整、對文化的適應、與個人化的獨特性。與進行相反的是迴歸，仍沿用弗洛伊德的觀點，表現效果的減縮，見於人格中的是前一時期所有的表現，出現於後一階段中，而在現階段中已失去適應的效能。介於進行與迴歸之間的是替代，如改變目的、興趣、與方式，或為進行的，或為迴歸的。

　　社會化是進行的一種，是趨向於社會適應與應合。人格即是個人的衝動與別人的要求和利益的折衷。別人的要求經團體或機構注入於個人，而個人的衝動遂與這類要求取一折衷的方向，於是個人符合社會風氣或團體的類型至某種程度，學習自制，避免趨於極端，阻止不受歡迎的需要出現，將趨向於被禁制對象的力量轉移至為社會所允許的事物上，結果形成一有力的超我。社會化之高度的表現，是由於成為團體中一分子的需要；需要有所統屬並參加一個有作用的團體，使自己在團體中得到別人的承認，成為團體的一分子。但社會化也可能發生反作用而毀滅了

個人的創造力，過分社會化的人格惟團體的需要是問，往往使自己的自由進展受到限制。

莫瑞以為昇華包括由生物的動作或較低的對象趨向於較高形式的動作或較高的對象。由侵略性的動作而改為侵略性的言辭，由性慾的禁制而從事文藝動作，也可能是一種逃避或迴歸，但大部分時間是心意中的健康情愛趨向於較高的方向，故而代表進行的方式。

人格發展中並包括禁制與壓抑，常與進行、昇華、社會化等併存。至於區化則是一種特殊功能的系統，如能力、反應形式等，每種都是為適應某些事物或情況而發，如精密的辨別、正確的說明複雜的情境等。區化使一種功能發生作用時可以不影響其他的功能，如思想時可不必影響情緒、感覺而不影響理念，區化必與統整相提並論，否則將使人格分散為部分的合體；由於統整，方能使個別的系統組織為和諧的整體，再經統一而至一最高的目的。

四、評述

莫瑞對人格心理學最大的貢獻，是其重視動機的力量，而且提出多種動機，證諸於行為，以為了解人格的根據。動機在人格心理學中的重要性的加強，並非始於莫氏，若場地心理學已予動機以相當的分量，其他若阿波特(Allport)、墨菲(Murphy, G.)，皆以為動機對人格有極大的影響力。但綜觀其他各家對動機的觀點，或將其視為單一的因素，或只注重單一行為的動機，無法據以解釋人格的整體；或者強調動機在單一人格中的複雜性與獨特性，一個人的各種動機，與另一人截然不同，無法據以解釋一般的人格，由是研究動機的結果，對人格的了解並無顯著的幫助。莫氏將人格看做一個整體，是為艾德洛的觀點，但在各個整體之中，莫氏發見代表行為的動機，普徧的為一組人格的動力，是提出動機

的普徧性，可用為研究一般人格的依據。在特殊事例之中，歸納出普徧的現象，使研究人格心理者，在面對一特殊個人時，仍有可以遵循的原則，應是人格心理學發展途徑中，一個相當的成就。

個別差異之被承認，早已應用於人格研究中，事實上人格個別差異之巨，尤甚於能力等其他方面，此為人格之獨特性所以成立的原因。然而人類既不能獨立生活，在彼此交往中，常表現類似的行為，成為一種類型，導致某一類型行為的動力，莫氏稱之為需要，即行為之動機。由類似的行為而推究出類似的動機，是多數特殊個人間的普徧性，亦可視為人格的基本因素。各個不同的人格，從某些相似的因素發展而來，發展的結果，一方面視動機的強弱，一方面受環境的影響，重視環境因素，遂成為莫氏對人格心理研究的另一貢獻。

個人在環境中發展，先已具有與環境的不可分性。但在同一情境中，不同的個人有不同的反應方式，於是只從環境的力量去了解人格，顯然無法得到結果，必須同樣重視個人的特殊性，且將環境與個人間的關聯，加入考慮，始為了解個人的正確方法。在一特定的時間內，環境對個人的影響與另一時間不同，然而並非由此即可斷定環境無一致性。環境對個人的作用，是要求個人放棄一部分不容於大多數人的衝動，使個人在環境的要求與自己的衝動間，做一折衷，即是環境永久不變的作用，是社會文化對人格發展的影響，亦即人格中包括社會化成分的原因。莫氏既重視環境對人格的重要，並指出單一環境對行為的關聯，使研究人格時對環境的觀察與環境的客觀因素的了解，皆有所遵循，又為一不容忽視的貢獻。

另一方面，莫氏以實驗法發展其人格心理學說，自是將人格心理學導入科學途徑的正規措施，但因缺乏固定的範圍，使其研究難於趨向一特有的方向，因而尚未得到一最後的結果，而其所提出的概念，雖與經驗的定義相關，距達到一明確的學說，尚有待於去蕪雜、務專精、研究

實證的完成。不過當人格心理仍在發展的途徑中，莫氏的觀點為研究者提供出若干可以遵循的方向，自是不可泯滅的功績。

參考書目

G. Murphy: *Explorations in personality*, N.Y., Oxford, 1938/62.

　　　　: Types of human needs, in D.C. McLelland, Appleton-Century-Crofts, 1955.

　　　　: *Endeavors in personality* (E. S. Shnecdman ed.), 1981.

第八章　羅傑斯的自我中心說

　　心理學家早就發現人類有自我意識 (Self consciousness)，而且自己能夠觀照自我意識的作用和內容，是人類一項傑出於其他動物的特長。簡單的說，便是人知道自己是一個「我」。這個「我」也就成了一個人一切活動的「主體」：所想的往往從「我」開始，行動由「我」主張，說話時也必然以「我」為主詞。這當然是很自然的事，沒有「我」，「我的」一切就無由存在，無能發生，更無從知道「我」以外的所有存在。如果承認人的群體是由無數的「我」集合而成的，便不能忽略構成群體的「單位我」。如果相信人能主宰宇宙和萬物，則每一個「我」應該皆與有份，於是每個「我」都有認識和了解的價值。

　　每個「我」都是一個獨立的個體，各個不同，差別性十分明顯，於是有了所謂之「個性」，人格心理學則稱為「人格」。弗洛伊德就說過世界上沒有兩個完全相同的人。因為每個人都是「自己的我」，沒有「兩個我」，自然找不到兩個相同的人。

　　美國早期心理學家詹姆士(W. James)在其所著《心理學原則》中以一個專章論及「我」（現通譯為「自我」）。詹姆士以為自我的存在是由於「主觀我」(I) 知覺到了「客觀我」(me)，所知覺到的我是「經驗的我」，是個人的領有物，如我的身體、特質、能力、物產、家屬、職業等等。於是把「我」分成自我組織、自我感情、自我尋求和自我保護。自我組織包括幾項，即一、物質的我，含有自己的身體和所有物；二、社會的我，含有多個方面，總括為個人在社會團體中的價值概念；三、精神的我，是意識到的自己的集合，是對自己的心理官能和素質的實際

覺察。自我感情包括自我滿足（即對自己滿意的部分和程度）和自我貶抑（是對自己的缺憾感，因為不滿意而貶低自己，形成自卑的心理作用），與自己的成敗有關（成敗多是根據自己的表現，如學業、工作成績、為人處事等方面而得到的評價）。自我尋求與保護在身體方面是求個人的安全，在社會方面是求得到別人的注意和贊揚，在精神方面則與身體和社會二者相關，從狹義方面說，在於求心靈和品格的提昇，如希望聰明而有道德。

詹姆士以後的心理學家，納入了現象學的觀點，釐清「主體我」（本身、即有自我意識作用的本人）和「客體我」（是認識到的自己）的定義：主體我是「觀察」自己的機構；客體我是被自己所觀察到的「那個我」。「觀察者」和「所觀察的對象」雖然是「一個我」，但在「自我觀察」的時候，那個「被觀察的對象」，便恍如是另一個人，「在我之外」，才能為自己所看到。這樣解釋對「自我概念」的形成，便有了合理的依據。

依此而作「自我概念」解釋的論述相繼出現。辛門茲(P. M. Symonds)以為「自我」是一組思想、知覺及記憶的歷程，是主體的我 (the ego)；對自己的知覺、判斷和作用時，便是客體的我(the self)，用英文字「我」字的主詞和受詞來分別「作用者」和「作用所及的對象」。❶孔姆斯(A. W. Combs)與司奈格 (D. Snygg) 以為自我是在現象界中對於現象的自我的意識，自我是有意識作用的機構，同時也是所意識到的自我經驗。❷沙本 (I. R. Sarbin) 也將自我看作是認知結構，包括有關自己的各種理想，但未分主體我與客體我。❸至秦(J. Chein)指出主體我是歷程，是對自己

❶ Symonds, P. M.: *The Ego and the Self*, Appleton-Century-Crofts Inc. N.Y., 1951.

❷ Combs, A. W. & Snygg, D.: *Individual Behavior*, Harper & Bros. N.Y., 1959.

的覺察者；客體我是被覺察者❹，「我」的主客之分才明顯的確定。這些解釋，都在說明一個人對自己的概念形成中的作用和內容，為後來闡述自我心理奠下基礎。到米德(G. H. Mead)的《心靈、自我與社會》(*Mind, Self and Society*, 1934)❺出版，確定了「自我」為心理學中研究的一個主題。且在這個主題下，分成若干項目研究，屬於人格方面的，則是羅傑斯(C. R. Rogers)。

　　羅傑斯於1902年出生於美國伊利諾州。大學時代頗好生理學及生物學，後在哥倫比亞大學研習診斷心理學，修完博士學位後任職於兒童輔導院，繼而任俄亥俄州立大學教授。此後致力於輔導及心理治療，創立「非指導的心理治療說」(Non-directive psychotherapy)，所根據的是以個人的自我為核心，從「人」的立場說，極端重視一個人的主觀；從治療方面說，則以病患者的主觀為核心。病患者主觀的心理作用偏狹而固執，其病徵便是堅持己見，無視於別人和外在世界的存在，所以不能適應正常的生活。羅傑斯根據自己的信念和醫療經驗，出版《當事人中心的治療》(*Client-centered therapy*)，描述自我中心的人格可能的改變。

　　羅傑斯的自我中心說觀點，從將一個人看作是「有機體」出發，是一個統整的人。現象界是經驗的總和，自我是現象界的一部分，是自己的知覺和價值形式。人這個有機體作用於現象界以滿足自己的需要，其基本的動機在求自我實現、自我持續與自我提昇。羅氏自稱所根據的心理學說有高斯坦(K. Goldstein)等的自我實現說，沙利文(H. S. Sullivan)的人際關係說，莫瑞(H. Murray)的需要動機說，和墨菲(G. Murphy)的

---

❸　Sarbin, T. R.: A Preface to a Psychological Analysis of the Self, *Psychol. Rev.* 59, 1952.

❹　Chein, J.: The Awareness of Self and the Structure of the Ego, *Psychol. Bull.* 51, 1944.

❺　Mead, G. H.: *Mind, Self and Society*, U. Chicago Press, 1934.

生物社會說。羅氏所提出的自我中心的假說，是從病態的自我中心到健康人格應有的改變；從正常的人格發展說，則是由絕對的自我中心，到開放擴大，而發展為圓熟的人格。羅氏的假說共十九項，依其要旨說明如後。

1.「每個人都存在於一個不斷改變的經驗世界中，而且是此經驗世界的中心。」 屬於個人的經驗世界是一個現象場地，其中有的是自己所經驗的現象，但不全然在自己的意識之中，只有一小部分是自己意識到的經驗。經驗世界是否能進入自己的意識，在於自己是否注意。如果為了滿足自己，所意識到的現象便會成為場地中的「形」（即明顯而凸出的部分），而進入經驗中，否則將置入於「基」（隱晦的背景），而不加注意。

2.「有機體依所經驗到的和所知覺到的場地而反應，自己所知覺到的場地，即認為是實體。」羅氏以為個人所知覺的現象不盡符合真實的現象，因此個人會依所知覺的現象反應，而不針對真實的現象。個人的知覺與實體不符，或是由於缺乏經驗，不能把握確切的要點；或是純依主觀選擇，不能偏觀。在某些狀況中，如果過去的經驗與目前的情況類似，或者可使目前的知覺接近事實；若完全依主觀決定，則各個知覺者將人各不同。

3.「有機體以一個有組織的整體對現象場地作出反應。」 羅氏以為在所有的時間內，有機體是一個組織系統的總和，其中任何部分改變，都會使其他部分發生變化。羅氏以自己經驗過的事實為例，其一是一個年輕有哮喘病的婦女，與心理治療者述說對其母親的敵視長達一小時，之後哮喘病情竟然大為減輕，而在述說過程中，並未提到哮喘的狀況。其二是一個工作地位不穩固的人患了胃潰瘍，說到心理和生理方面的反應時，兩者糾纏不清，可見人在反應時，自己不能明顯的區分或分化。

4.「有機體有一基本的傾向與努力方向，即是求實現、維持、並提

昇自己這個經驗的機體。」這個假說係羅氏就其他心理學家的觀點具體的
歸納而成。認為在生命存在的過程中，有機體有一種指導的力量，驅使
自己由低而高，由幼稚進入成熟。自我實現從亞里斯多德提出後，高斯
坦曾經加入心理的解釋，羅氏借用來說明人體器官和功能的分化，在可
能的限度內，沿著發展的歷程生長，擴展生活領域，成為更能獨立，更
能自制，達到社會化的地步，是此種向上的傾向的結果。

　　5.「行為是有機體在所知覺的場地中，為了滿足所經驗的需要而發
生的。」 羅氏以為各種需要間都有基本的關聯，且都從維持和提昇其基
本需要推演而出。需要出現時成為生理的緊張狀態，自己感覺到以後，
便設法消除緊張以提昇自己。需要不一定是意識的經驗，而是由知覺或
信號引入於意識之中。羅氏以為不僅直接的生理需要是為了維持並提昇
自己，即愛情或成就等也是基於生理的需要，和維持並滿足自己有關。並
引證芮保（M. Ribble，著有《嬰兒的權利》，*The rights of infants*，1943）
的實驗發現，嬰兒缺乏與母親或養護者身體接觸的，會遺留下未得滿足
的生理緊張，即是情愛的需要，乃是基於生理的需要。因此需要不是由
實體決定的，而是由有機體所經驗的決定。

　　6.「情緒伴隨且能助長目的行為。伴隨行為和助長目的行為的情緒，
和與尋求有關的情緒及與完成行為有關的情緒相反。情緒的強度依所知
覺到的、維持並提昇自己的行為而定。」 情緒可分為不愉快或激動、和
滿足或平靜兩類。當有機體受目的指導而有所尋求時，隨之而生的是不
愉快的情緒。在需要滿足之後，所生的則是滿足的情緒，即緊張消失而
後歸於平靜。情緒的強度因知覺而定，如所知覺到的危險性大時，必然
異常恐懼；若以為危險無足掛懷，便不會有恐懼感。

　　7.「了解行為的最上策是從一個人本身所提示的內在架構開始。」依
前述的第一個假說，羅氏認為唯有一個人本身能夠完全知道自己的經驗
場地，如是在了解人格時，客觀的觀察（即別人所看到的）和客觀的資

料便不如主觀的切近而完備。個人對自己的經驗場地，雖然不能完全知覺到，但是自己所知覺的，往往也不是別人所能逆料的。因而羅氏以當事人（患者）為中心的治療，即在幫助患者重新體驗其自己的經驗和意義。治療者不以旁觀者的立場來看患者，而是應用擬情作用，使自己猶如處在患者的情境中，來體驗患者的知覺和經驗，由此所得的了解，如同親身經歷的一般，切近而真實。自此項假說以下的假說，是羅氏自我中心說的全部概念。

8.「在全部知覺到的場地中，一部分逐漸分化而成為自我。」羅氏承認安吉爾（A. Angyal，著有《人格科學的基礎》，*Foundations for a science of Personality*，1941及《神經病與治療》，*Neurosis and treatment*，1965）所說：有機體與環境間並無明顯的界限，同樣的在自我經驗與外在世界間也沒有明顯的區別。初生的嬰兒原無自我與環境之分，在發展與成長的過程中，個人全部世界的一部分被認為是客體的我、主體的我、或是我自己。客體或經驗是否當成了自己，以其是否為自己所控制以為斷，即凡是不能控制的，即使本是自己的一部分，也將視為是自我以外的東西。反過來說，凡是自己能夠控制的，縱然是身外之物，也成了自我的部分。嬰兒以至幼兒的知覺自然不同於成人，不過將知覺場地中的事物劃入於自我，或與自我分化，則與自我中心有關。

9.「由於與環境交互作用，更由於別人的評鑑，自我結構於焉形成。自我結構是經過組織、又能變通、而一致的知覺概念，和附合於概念中的價值。」心理學中所謂與環境交互作用，主要的是所接觸到的人。別人對自己的反應，如親切或冷淡，喜好或厭煩，贊美或批評，都構成評鑑。別人的評鑑成為自我概念的一部分，其中積極性的有益於肯定自己，知覺到自己的優點；消極性的雖然會下意識的擯斥，但卻不能不戚戚於心，而對自己有所疑，以至否定自己。由於別人的意見不一，來源不同，且前後有別，所以在自我知覺中，對自己的褒貶，升沈忽見，莫衷一是，

所知覺的自己，也變幻不定，但卻形成了對自己的價值感，有了自己是「好」或「不好」的意念。

10.「密接於經驗的價值，以及為自我結構之一部分的價值，有時是自己經驗到的，有時是注入或從別人處取得的，但後者往往也視作是自己直接的經驗。」羅氏異常重視9、10兩個假說，而且以為兩者密切相關。羅氏自己將兩者合併解釋，以為在嬰兒與其環境交互作用之後，逐漸形成有關自己、環境、以及自己與環境相關的概念。此時的概念不是用語文描述的，而且可能尚未出現於意識之中，但無礙於成為指導自己的原則。到對「我經驗到」有了朦朧的覺察時，才意識到「我喜歡」或「我不喜歡」；又對認為能提高自己的經驗則予以肯定價值，對不能維持或提高自己的，則賦予否定價值。繼而用別人對自己的評價來評定自己，「你是個好孩子」或「你是個壞孩子」原是父母的評價，卻成為幼兒對自己的知覺境界；同時別人所做的社會評鑑與社會經驗也成為幼兒的現象境界。其中曾經曲解的經驗信號和否認的經驗，與此後的心理失調有莫大的關係。

一般兒童第一個最重要的經驗是自己為父母所愛，也就認為自己可愛而值得人愛，因而與父母建立了情愛關係。可是有時父母又說：「你是個壞孩子，這個行為不好。」之類的話，如果兒童接受了這類評價，則與其原有的「自己是可愛的」自我結構相矛盾，於是或者否定了原有的使自己滿足的經驗，或者把後一種評價當作自己的經驗，宛如是自己看到了自己的「壞處」一般，這是一種歪曲的知覺，然而卻影響自我結構的發展。如果此類經驗過多，將使一個人趨於不知道自己為何物，或是不知道自己需要的究竟是什麼！

11.「出現於個人生活中的經驗可能有三類：一、是自己的信號、自己的知覺，而組織於自我中；二、認為與自我結構無關而忽略；三、認為與自我結構不符而否認或予以曲解。」經驗曾經為意識所承認、或是

能滿足自我的需要、或者與自我結構相符、且能加強自我結構的，便組織於自我系統中，也可將經驗象徵化。至於為自我所漠視的經驗，則是因其既不能滿足自己的需要，又不能加強自我結構，在實際情境中不乏這樣的例證，如不曾注意到一項存在的事實，是因為與自己無關，就像場地現象般，未曾注意到的事實只停在「基」（背景）處，而未凸出成為「形」。否認經驗的心理作用常常是「有意（識）如此」，原因是該經驗與自我結構不符。承認與自己相矛盾的經驗無異是否定原有的自我概念，而推翻已有的自我概念對自己是一種極大的精神威脅。

12.「有機體所採用的行為方式大部分與自我概念一致。」羅氏相信自我有選擇作用，對於和自我概念相符的，首先容許其進入意識之中，然後用之於行為。如自信誠實的人，決不肯用欺騙的方式達到目的；而且為了使行為與自我概念如一，即使犧牲某些需要也在所不惜。如勇於負責的人為完成任務而縮短睡眠時間，並不考慮睡眠對自己的重要。(中國的殺身成仁、捨生取義也是根據自己已有的行仁取義的自我概念，不惜放棄自己的生命。這種概念只有中國先聖先賢才有這樣的境界。)

13.「未經信號化的行為，有時可能因經驗與需要而生。此等行為可能與自我結構不符，因而不能視之為個人的行為。」羅氏以為一個人遇到危險或緊急狀況的剎那間，常依本能的反應逃避或應變，這類反應與其自我概念可能完全相反，於是會以為那個反應者不是自己，該行為也不是自己所有。這類自己不能控制的行為，自己會否認是自己的。（這種情況很多人都會經歷到，但是可能因後果而有不同的解釋。如果反應合乎常理常情，如成功的避開倒塌的墻而未致壓倒，迅速剎車而未致車禍，可能喜於自己的反應正確，不但不會否定，反更增加自我肯定。如果臨陣膽怯而逃走，遇見危急者不奮勇救助之類不合道德倫理規範的，個人才不願意承認是自己的行為。所以中國講究臨危不懼，臨急不亂。即是以自我控制力維持一貫的自我概念。）

14.「有機體否認顯著的感官與內在經驗，又未將此類經驗信號化，且未將之組織於自我結構的完形者，即是心理失調，此時會存在著心理緊張。」在這種情況中，個人與其自我概念間有極大的距離，自我不再能代表自己的經驗。由於自己盡力於滿足不願承認的需要，有意識的自我控制失效，於是意識的自我否認所做的反應，意識和動作相矛盾，產生心理緊張。若自己知覺到這種緊張，則會生出焦慮，以為自己不再是一個聯合的整體，失去了自己的方向。如擯斥子女的母親，其擯斥態度與象徵化的理想母親不符，於是一面否認擯斥，一面又要滿足厭惡子女的心理需要，由此矛盾層出不窮，便不能消除心理的緊張。

15.「當自我概念與感官或內在經驗融合於信號層次，而成為一致的自我概念時，即是心理調適。」此假說可解釋為所謂心理調適，是內心沒有緊張，或自我概念與自己的經驗一致的狀況。即是沒有必須否認的感覺，且所意識到的感覺，常在自己的控制之下，自我概念與經驗統整，自己的一切，都在意識之中，知道「自己是誰」，知道「自己正在做什麼」，知道「自己要做什麼」，而且相信「自己能做到且是合理的」。

16.「任何與自我結構不符的經驗都可視之為一種威脅。此種知覺愈多，自我結構的組織愈嚴謹，以便維持此組織。」此說表示自我結構的堅持性。自我可以選擇相符的經驗而予以承認，或者否認不符的經驗，以免原有的概念發生動搖。若事實上確實存在著無可否認的矛盾經驗，便生出防衛機制，從而應用防衛機制，為自我形成堅固的壁壘，以免改變自己。

17.「在某種情形下，若自我結構不受絲毫威脅，則可能知覺到與其不符的經驗，並加以試驗，也可修正自我結構，以包含並融合不一致的經驗。」羅氏相信輔導對這種改變極有幫助。患者原來不承認的經驗，往往是社會所不容許的，也是與自我結構不合的，但在輔導情境中，體驗到自己得到容許，又體認到輔導者對自己的友善和諒解，逐漸敢於體

驗原來所否認的經驗。再度體認舊經驗，知覺到那不是威脅，可以容納
於自我概念中，最後與自我概念合而為一。如前述擯斥子女的母親，到
了承認自己也喜歡他，只是有時也會討厭他時，便是常有的情形，也是
正常的母子關係。

18.「在一個人知覺到且承認其感官和內在經驗是一個一致而統整的
系統時，必然更能了解且承認別人是和自己有別的人。」 羅氏的這個假
說，可引申為：了解並接受自己，是了解並接受別人的初步。不過羅氏
自己的解釋則是心理治療的結果。當治療開始時，患者否認某些與自我
結構不符的經驗，在象徵的經驗下保護自己；而保護作用則是由於認為
矛盾的經驗乃是一種對自己的威脅；並認為別人的話和行為都有威脅性。
因此只把別人看作是威脅的來源，不知道有人我之別，也無意了解別人。
及至一切經驗都進入意識之中，成為統整的系統，無須防衛自己，也無
需攻擊別人，才明白每一個別人都是獨立的人，與自己有別。又從對自
己的認識中，體驗出認識別人的途徑，而增加了對別人的了解。換言之，
即是超脫了自我中心的壁壘，知道了別人的存在，不再是「有己無人」
的狀況；而且進一步，有了「以己度人」的知覺作用，是與人相處和建
立適當的人際關係的必要途徑。如是才脫出自我中心的牢籠，進入廣大
的世界。

19.「在一個人對其經驗和知覺都納入自我結構中，且漸形漸多時，
會發現自己已經用繼續評價歷程，代替了原來曾經曲解且象徵化的投射
系統。」 即是把真正屬於自己的經驗，納入自我結構中。同時則將不屬
於自己而經象徵化的，原來是注入而誤以為是自己的經驗，排除出去。
於是自我結構中全部是自己真實的經驗，便成了健全人格的象徵。這樣
的人能接受並承認事實，能辨別人與我，同時能常常考查自己以便有所
改變。羅氏認為心理治療的效果，便是從一個嚴謹的自我結構所表現的
固執不變的人格，成為活動而可變的人格。改變的方向，則是從否定趨

於肯定；從一個確定不移的固執體成為行進的歷程，可以印證自我結構有改變的可能。

羅傑斯的假說，含有明顯的治療經驗，確定了以自我為中心的人格觀點。由這十九個假說可以看出，他相信自我是人格的核心，是每個人都有的，但是自我結構卻人各不同，尤其是在心理病患者和常人之間，有明顯的差別。心理病患者為自己樹立了一個狹小而堅實的壁壘，把自己拘囚在裡面。這個壁壘不容碰觸，自己更不想突破。因而與外在的真實世界完全隔絕。另一方面，壁壘裡不但空間狹小，而且存在著注入和扭曲的經驗，同樣不是屬於自我結構的部分，所以才矛盾、恐懼，以至痛苦不堪。

如果離開醫療的領域，就多數人觀察，依羅氏的觀點解釋，以自我為中心的人格，即使未達到病患的程度，也有明顯的不同之處。

首先，羅氏認為每個人都是一個「自我」系統是無可置疑的一點，每個人的「我」必然是自己一切活動的起點。然而任何人在生活中都不能「劃地自限」，因為那樣將無法生活，也就必須和「別人」發生交互作用。於是所謂「個人的經驗」，其內容決不是只有自己，而是包括無數直接接觸或間接相關的人。從以自我為中心說，羅氏所說「知覺到的」經驗，多是為自己注意、承認或接受的。何以在若干經驗中，會有為自己所忽略或否定的部分。羅氏稱之為與自我結構不符。然則何以會「不符」？就常人心理狀況衡量，可能是和自己的信念、愛好、或需求不合，最明顯的是「意見不合」。於是在「由我作主」時，那些不合的必然會被排除。但是「不採納」不等於「不知道」，既知道而又嫌其不合「我」意，無論所排斥的意見為「是」為「非」，至少和自己之間，存在著裂痕。而人的心理，總是趨向人與我有同好，如果存在著與我「不同」的，難免感到遺憾，需要有「同響」的願望便不能滿足。由此或者否認，或者曲解，實際上是在保護自己，減少羅氏所說的「威脅」。「閉關自守」，

不與別人交往，不與外界溝通，堅守自己的壁壘，即是在求自我持續。堅持己見，不肯採納「嘉言」者，未必即是心理病患，卻是強烈的自我中心的象徵。

其次，每個人以自我為中心而發展人格，乃是必然，在發展的起點，不必做價值判斷，即毋須說其為是為非。可以肯定的是，健全的人格之自我結構，應是恢宏而包羅萬象，也就是一個擴大的自我。或者說：狹隘的自我結構中「只有我」，擴大的自我結構中有整個世界。猶如器量狹小的人，處處從「我」出發，最後歸結到「我」，在這個歷程中，可能接觸到別人和事物，但都是依自己而衡量，不把別人看成是與自己有別而獨立的人，宛如是自己的附屬物或工具一般，即是「目中無人」，也就是羅氏所謂「無人我之分」的狀況。心理醫學視之為病態，世俗則稱之為「自私」。這樣的人可能會滿足自己的某些需要，卻不能得到如羅氏所說的「自我實現」和「自我提昇」。

局限在自我中心，不能將別人和事物納入經驗中，有礙人格發展，是因為「人格」乃是在社會中形成的。人格的成分中有大量的社會因子，別人的評價是自我概念的一部分便在於此。一個人感到不受別人尊重，得不到別人贊美，而憂慮徬徨，又不能證明別人有錯，自己也無從做「反證」，是心理失調而致病的原因。羅氏所說的「否定」包括「否定自己」，而否定自己恰與自我中心南轅北轍，所謂人格崩潰是嚴重的現象，究其實際病因還是由社會方面的表現而成。但是社會性表現，仍然在自己心理的改變。改變還是要從「我」出發；改變的方向是變成一個「大我」。步驟是先拆除限制「我」的壁壘，使「自我」之外的經驗可以進入，納入能滿足自己需要的，以增加自我結構的內涵。

在「自己的需要」方面，亟須廓清需要概念或是做一番分類工作。自己的需要，雖然經莫瑞提出了二十多項，卻在自我中心的作用下，往往存在著一個傾向，容易成為「需索無度」，即世俗所說的「貪得無厭」。

若處在這種狀況，第一會形成自己需要的矛盾，第二會妨礙人格發展。

「需索無度」之所以與自己的需要矛盾，是只顧「心之所欲」，而所欲的只指向「切近的」，忽略了「求自我實現」和「求自我提昇」的需要有礙，因為這兩者是「長程的成就」，是由「切近的片段」累積而成，每個片段都不容與長程的「終點」不符，也就是要求片段和「終點目標」一致，忽略了這一點，「無度」的需要，便會成為這兩項的致命傷。

「需索無度」之所以妨礙人格發展，是因為人格中所包括的大量社會成分。自我實現是要一個人在群體中，和群體生活融洽，才能得到圓熟的發展。自我提昇正是一個人在群體中，表現出符合社會期望的成就，才能得到積極的評價和自信與自我肯定。任何社會都不期望有「有己無人」的人；「任性妄為」和「自私自利」的不能與別人合作，得不到自我實現的助益，更得不到社會的贊許。

由此看來，人格發展是從自我中心出發，端在於自己的心理作用。但是在心理活動中，決不能缺少「社會認知」，包括別人和種種事物。認知的領域越寬廣，自我容量就越大，所做的反應也就越接近正確。

對羅氏的自我中心說，最好能超出於心理醫療之外，縱觀大多數以自我中心而作用，尚未嚴重到成為心理病患的人，開拓自己的知覺領域，增加自己經驗的範圍，以發展更成熟而圓融的人格，也就是健全的人格。

參考書目

C. R. Rogers ： *Counseling and psychotherapy*, Houghton Mifflin, Boston, 1942.

　　　　　 : *Client-Centered therapy*, Houghton Mifflin, 1951.

　　　　　 : *On becoming a person*, Houghton Mifflin, 1961.

　　　　　 : *Toward becoming a fully functioning person*, 1962 Yearbook.

　　　　　 : Empathic: An unappreciated way of being, *Counseling psychologist*, 1975 5, 2–10.

　　　　　 : *A way of being*, Houghton Mifflin, 1980.

　　　　　 : *Freedom to learn*, Merrill, Columbus, 1982.

C. R. Rogers & Dymond: *Psychotherapy and Personality Change*, Chicago Univ. Press, 1954.

C. R. Rogers: "Some Observations on the Organization of Personality *Amer. Psychologist*, 1947, 2, 358–68.

T. R. Sarbin: "A Preface to a Psychological Analysis of the Self," *Psychol. Rev.* 1952, 59, 11-22.

P. M. Symonds: *The Ego and the Self*, Appleton-Century-Crofts, N.Y., 1951.

結　論

　　西方有關人格心理理論方面的著作，在二十世紀前半期大量問世。系統的理論，當首推弗洛伊德。本書首列阿波特，是因其《人格》一書，把人格概念做了一番史的整理，有助於了解人格的意義。繼此再看各家學說，可以在一個概念中，觀察各家的獨特觀點或主張。

　　阿波特在出版《人格》之前，已有專題論述《人格研究的直觀方法》(*The study of personality by intuitive method*, 1929)，此後常有專題論文或專著。至其《人格類型與生長》(*Pattern and growth*, 1916) 出版，表現出對人格的另一個說法，認為人格中含有某些特質(tracts)，是組成人格的重要因素，人格心理學中稱之為「特質說」(Tract Theory)。統觀阿波特對人格的論述，認為在人格發展的過程中，社會影響相當有力，指出人格成分中的社會性，與新弗洛伊德學派的主張頗為接近。

　　弗洛伊德對人格的闡釋，由其本身學識和經驗背景，從心理病態和醫療方面著眼，強調被壓抑的下意識和「性」對人格發展的影響。弗氏的觀點，在當時引起相當的回響，與其同道組成所謂「弗洛伊德團」(Freudian circle)，共同討論研究，後來各自獨樹一幟的艾德洛和容格皆在其中。但後二者因不同意弗氏過分重視「性能」而退出。弗氏的學說，成為心理醫療的主流，至今不衰，而且逐漸納入社會學與行為主義的觀點，日形擴展。而弗氏之說，對人格心理學成為心理學一支，貢獻良多。

　　艾德洛不似弗洛伊德，未提出一個完整的人格系統之說，但就其所重視的人格成分，也可歸納出一個人格輪廓，即一個人一生受一個自己編織而模糊的最終目的所指引，而力爭上游。而在自我意識中又知覺到

自己的缺點或弱點，特別是生理方面的缺點，因而生出「自卑感」。 但艾德洛觀點不容忽視之處，是其積極的方向，提出心理中由自卑感而生的補償作用，使人可能有更突出的成就。尤其不容忽視的是，艾德洛認為人類社會文化的進步，便是由於自卑感，因感覺自己力有不足而企圖彌補，而創造了人類文明。至於一個人因社會生活而產生社會興趣，而發展出自己的生活方式，終至成為「一個人」(an individual)，已經遠離弗洛伊德的生理性能和病態觀點，而趨向重視人格的社會面。

容格原來也屬弗洛伊德團，但其人格學說，卻納入大量哲學與文化成分。其所解釋的「下意識」，包括「祖先精神」（原型），而稱之為「累積的下意識」。其所期望的「健全人格」，脫離病態的發展，而是一個「統合的我」。 可能因為容格的論點中，所含的哲學與文化成分過多，與科學的心理學格格不入，又難以用於心理醫療，故不似心理分析學派之盛行。惟從其「心理分析」衍生出「內向與外向的人格」， 視為人格的兩種類型，且曾發展出人格測驗，此種內外向的觀點，至今仍在粗略的衡量人格個性方面。

艾瑞克森的《同體與生命週期》先後於1959及1980年出版，可見其受重視的程度。其對「同體」的解釋，主要在人格發展的歷程中，從幼兒期的自我意識開始，逐漸「肯定」（認定）自己，確定自己是一個獨立而有價值的人。而在發展歷程中，「經驗中的人」（父母、親長、師友和所接觸到的人）無不和「自我肯定」有關。而「自我肯定」與「自我混淆」即是健康人格和病態人格的區分關鍵。顯然艾瑞克森相信，健全的人格是能肯定自己的。這也是人格心理的中心觀點。一個人的人格以個人為單位而發展，個人如何看自己、衡量自己，是決定自己為「何如人」的基礎。而從基本的認識到判斷，卻含有大量的「外來」（別人的）意見，同樣顯示出人格成分中的社會因素。

艾瑞克森所說的「生命週期」， 從一個人由出生到終老著眼。每個

階段因生活狀況，面臨一個轉捩點：即自我肯定或自我混淆。若能肯定
自己，便是確定了自我同體，可以順利的進入下一階段，否則在人格發
展方面，便會出現問題。這個觀點，不但是人格心理學的成就，更為人
格教育指出了方向。此方向應是積極的培養人格，不止於消極的心理治
療。

麥斯樓的自我實現說，流行最廣，且最常為人所稱道的，是其「基
本需要」說。其所提出的五個需要層次，層遞而上。必須得到最低一個
需要的滿足，才能「更上層樓」。 是從生理需要開始，而後心理需要，
最後是由「自我」發出的精神需要，由自我實現而得到「巔峰經驗」。

麥斯樓劃分出明顯的需要層次，是從「人」這類生物性的有機體開
始，肯定生理需要是最基本的。這個觀點的正確性是，如食物是維持生
命所必須，無可置疑。稍須考慮之處是，安全的需要是否可能與食物需
要同時存在？兩者都和維持生命直接相關。若就麥斯樓的觀點解釋，或
者可以說：在即刻的情境中，「飽食」和「活著」，相對的是「飢餓」和
「死」，二者選一，孰為先，孰為後？可能因人而異。再以「生理」與
「愛」二者而言，兩種需要是否也有同時存在的可能？特別是幼小的動
物和嬰兒，在「吮乳」同時，也需要母親的偎撫或偎抱：像這樣的狀況，
可能要待多次實驗後才能得到答案。

莫瑞的需要動機說，列舉多個需要項目，自有其價值。是就多數人
的需要而言。至於這些需要的輕重緩急，則人各不同，由此可以區分人
格差異，其貢獻即在於識別人格。艾德華(A. L. Edwards)「個人喜好表
目」(Personal Preference Schedule)即根據莫瑞之說編製而成，用來衡量
人的愛好，以見人格傾向，可作為一種人格測驗。

羅傑斯的自我中心說，見於其《當事人中心之治療》（此書於1951
年出版，1965年再版）。 在心理醫療中頗負盛名，且自成一派。其人格
觀點，從其其他著作和自言（羅傑斯曾與司欽諾(B. F. Skinner)辯論各人

之學術取向，司氏為科學，羅氏堅持自己為哲學），可知仍有哲學基礎，即羅氏所說的以自我為中心的個人，乃是一個獨立的「存在」(Being)，和司欽諾主張的受增強控制的人，截然不同。其哲學的出發點和自我中心，顯然是一貫的系統，正如其所強調的健康人格是「自我一致」(Self-congruence)的一般。此說在「自我心理學」(Self-psychology)中自有其地位。

人格心理學說的建立，出自於學者的觀察和研究，基本上是根據對人的觀察和了解。除了前述系統的理論之外，提出對人格的說法的所在多有，都有利於對人格的了解。

就人格而言，個別的差異性極大，不過從「概括」性說，歸納一個人的人格類型，通常總有一些「大致」相同的出發點。而歸納的資料，當然以可見的人的「外在表現」為主。但由於每個人都受內在心理的驅使，其中一部分是生而即有的，一部分是外在吸收而內在化，也成了自己的，各人的稟賦和吸收的不同，才顯示出人各不同的特徵。

從概括（大致上）方面看，要衡量一個人的人格，有幾個基本的著眼點：

第一、人都有內在的驅使力，也可說是動機，除了生而即有的本能需要必須滿足之外，還有自己「認為的」非滿足不可的需要。這類需要之強烈狀況，可能超出基本的需要之外，成為觀察人格的一個指標，所謂「發憤忘食」即是一例，不過這是極端的例子，常見的是把基本需要放在次要地位，「另有所求的」居於首位，如研究者、藝術家等，熱衷於自己的工作，不計飲食是否可口之類。

第二、規律。每個人的行為規律，表現在行為之一致的表現和趨向。即是在類似的情況中，所採取的行動有一致性。由此可以判斷其人格類型。

第三、經驗和意義。各人自有其生活經驗，其經驗對其人格發展影

響至劇。但各人所賦予經驗的意義卻不同。一方面出自自己的選擇，所採取的重點各異；一方面在於自己對經驗的解釋，如重要性、同意或反對，逐漸形成個人的信念，成為支配行為的主動力。

第四、行為方式。這是區分人格的明顯標幟。每個人的行為方式，自有其一貫的形式，是由其經驗與信念融會而成。一經確立之後，便在不知不覺中反應出來，如果是自己知覺到的，也會以為「分當如此」而堅定不移，遂為一個人的人格特徵。

繼各家人格學說出現之後，另有自成一家之言的，如沙利文 (H. S. Sullivan)的「人際關係」(interpersonal relations)說，弗蘭寇(V. Frankel) 的「尋求意義」(The search of meaning)說，也是了解人格的有力觀點。

二十世紀後五十年代，人格心理學研究，出現兩個方向：其一是根據一個學說，從事實際的驗證，以觀察人格結構中的成分或因素，由此而出現了人格因素說 (Personality factors，卡泰爾，R. B. Cattell);或者從人格發展方面比較異同；心理醫療方面的研究更占多數。其二是從不同的方向從事專門研究，成就最大的是有關人格測驗的編製和應用，不過這方面的困難尚多，一則是人格本是一個複雜的概念，概念複雜便不能做確定明白的定義，即是由於人格內含過多，不易確定「變項」， 而且難做客觀衡量（人格測驗仍靠個人自述，出自內省，不能超出主觀認識和判斷）。 其次是對人格改變方面的研究，這一方面除病態和健康易於區分外，普通人的改變也不易比較，更不易確定改變的幅度，大體說來，應該有改變的可能，但卻因人而異。

總之，人格心理學是一片尚在開發的沃土。因為這門學問是人類的「切身」問題。人一方面有認識「自己」的好奇心和需要，希望能「認識自己」（自知），且有「自知之明」；一方面在生活中無可避免的要「接觸別人」，所以也需要「認識別人」、 且有「知人之智」。 自知之明和知人之智關係到滿意的生活，更關係到本身的心理健康，進而影響到為人

處世、以至全部生活的幸福與否。

　　然而就人格發展和人格類型之社會影響力而言，健全的人格和健康的心理，奠基在出生後的環境，而這個環境包括家庭、學校和整個大社會，其中有影響力的成人——父母、家人、教師和社會大眾，都是關鍵人物。現代人的生活領域，除了人際關係外，更牽涉到自然環境，是在社會成分之外，還有人類所立足的世界和太陽系。將來將可擴展到外太空。故而對人格的看法，可能需要逐漸擴大以至於無限。

三民大專用書書目——國父遺教

書名	作者	任職機構
三民主義	孫　文　著	
三民主義要論	周世輔　編著	前政治大學
大專聯考三民主義複習指要	涂子麟　著	中山大學
建國方略建國大綱	孫　文　著	
民權初步	孫　文　著	
國父思想	涂子麟　著	中山大學
國父思想	涂子麟　編著 林金朝	中山大學 臺灣師大
國父思想新論	周世輔　著	前政治大學
國父思想要義	周世輔　著	前政治大學
國父思想綱要	周世輔　著	前政治大學
中山思想新詮 　　——總論與民族主義	周世輔　著 周陽山	前政治大學 臺灣大學
中山思想新詮 　　——民權主義與中華民國憲法	周世輔　著 周陽山	前政治大學 臺灣大學
國父思想概要	張鐵君　著	
國父遺教概要	張鐵君　著	
國父遺教表解	尹讓轍　著	
三民主義要義	涂子麟　著	中山大學
國父思想（修訂新版）	周世輔　著 周陽山	前政治大學 臺灣大學

三民大專用書書目──心理學

心理學	劉安彥	著	傑克遜州立大學
心理學	張春興、楊國樞	著	臺灣師大等
怎樣研究心理學	王書林	著	
人事心理學	黃天中良	著	淡江大學
人事心理學	傅肅良	著	前中興大學
心理測驗	葉重新	著	臺中師院
青年心理學	劉安彥陳英豪	著	傑克遜州立大學省政府
人格心理學概要	賈馥茗	著	國策顧問

三民大專用書書目──美術

廣告學	顏伯勤	著	輔仁大學
展示設計	黃世輝、吳瑞楓	著	
基本造形學	林書堯	著	臺灣藝術學院
色彩認識論	林書堯	著	臺灣藝術學院
造　形（一）	林銘泉	著	成功大學
造　形（二）	林振陽	著	成功大學
畢業製作	賴新喜	著	成功大學
設計圖法	林振陽	編	成功大學
廣告設計	管倖生	著	成功大學
藝術概論	陳瓊花	著	臺灣師大
藝術批評	姚一葦	著	前國立藝術學院
美術鑑賞（修訂版）	趙惠玲	著	臺灣師大
舞蹈欣賞	平珩	主編	國立藝術學院
戲劇欣賞──讀戲、看戲、談戲	黃美序	著	淡江大學
音樂欣賞（增訂新版）	陳樹熙、林谷芳	著	臺灣藝術學院
音　樂	宋允鵬	著	
音　樂（上）、（下）	韋瀚章、林聲翕	著